# HISTOIRE

# D'HENRIETTE D'ANGLETERRE

## DUCHESSE D'ORLÉANS

PAR

## MADAME DE LA FAYETTE

( 1661-1670 )

## PARIS

### LIBRAIRIE DE L. HACHETTE ET Cie

RUE PIERRE-SARRAZIN, Nº 14

1853

# BIBLIOTHÈQUE

# DES CHEMINS DE FER

---

DEUXIÈME SÉRIE

HISTOIRE ET VOYAGES

De l'imprimerie de Ch. Lahure (ancienne maison Crapelet)

rue de Vaugirard, 9, près de l'Odéon

# HISTOIRE

# D'HENRIETTE D'ANGLETERRE

## DUCHESSE D'ORLÉANS

PAR

## MADAME DE LA FAYETTE

### (1661-1670)

# PARIS

## LIBRAIRIE DE L. HACHETTE ET Cᶦᵉ

### RUE PIERRE-SARRAZIN, Nᵒ 14

## 1853

# AVERTISSEMENT.

Il semble, au premier abord, qu'on ne saurait prendre un vif intérêt à l'histoire d'une jeune princesse morte à vingt-six ans, dont l'enfance s'est passée dans l'exil, et qui n'a paru qu'un instant à la cour de Louis XIV.

Mais il faut se rappeler que cette princesse est la fille de Charles I<sup>er</sup>, et la sœur de Charles II; qu'elle a été l'idole des plus belles années de la plus brillante cour du monde, que c'est par elle que fut conclue l'alliance entre Charles II et Louis XIV, et qu'enfin elle mourut empoisonnée dans tout l'éclat de sa beauté et de ses succès.

Son *histoire*, par M<sup>me</sup> de La Fayette, renferme une vivante image des premières années du règne de Louis XIV; il est piquant d'y retrouver, peints par la main d'une femme, et tels qu'ils étaient dans leur jeunesse, la plupart des personnages que le duc de Saint-Simon a connus et décrits trente ans plus tard.

M<sup>me</sup> de La Fayette est elle-même un écrivain très-distingué, et si ce petit livre perdait son intérêt historique, il mériterait d'être conservé uniquement pour sa valeur littéraire. On y reconnaît partout l'auteur de *Zaïde* et de la *Princesse de Clèves*, ces deux romans qu'on dédaigne de lire, et qui, pour la grâce et le sentiment, n'ont pas été surpassés.

M^{me} de La Fayette était de cette société de l'hôtel de Rambouillet, dont Molière a immortalisé le mauvais goût, mais où il se trouvait bien quelques esprits excellents à côté des Bélise et des Trissotin, puisque M^{me} de La Fayette s'y rencontrait avec M^{me} de Sévigné. Elle fut pendant vingt-cinq ans l'amie du duc de La Rochefoucauld, l'auteur des *Maximes*, et se jeta sur la fin dans la dévotion la plus austère, sous la direction du célèbre abbé Duguet, de Port-Royal. Elle mourut en 1693, âgée de soixante ans.

M^{me} de La Fayette ne raconte la vie de Madame Henriette qu'à partir de son mariage avec Monsieur, frère de Louis XIV. Nous ne dirons qu'un mot sur les premières années de cette princesse. Elle naquit à Exeter, le 16 juin 1644, quelques années avant la fin tragique de son père, mais lorsque la race royale n'était déjà plus qu'une race proscrite. La reine fut obligée de la laisser en Angleterre, et elle avait déjà deux ans lorsqu'on put la mener en France. Elle fut élevée au couvent de la Visitation de Chaillot, où sa mère vivait dans l'obscurité et dans la pauvreté, quoique veuve de Charles I^{er} et fille de Henri IV. Il fut un moment question de donner Henriette pour épouse à Louis XIV. Ce projet ne fut pas poussé sérieusement; et la restauration de Charles II venait de rappeler la jeune princesse en Angleterre, quand son mariage avec le duc d'Orléans fut conclu.

M^{me} de La Fayette la prend sur le vaisseau qu'elle

montait pour venir trouver son mari. On était alors
en 1661; la princesse avait dix-sept ans. Neuf ans
après, elle était enlevée en quelques heures, et tout
semble se réunir pour prouver qu'elle mourait empoisonnée.

Voltaire, dans le *Siècle de Louis XIV*, repousse
bien loin la supposition d'un crime. « La cour et la
ville pensèrent, dit-il, que Madame avait été empoisonnée dans un verre d'eau de chicorée, après lequel
elle éprouva d'horribles douleurs, et bientôt les con-
vulsions de la mort. Mais la malignité humaine et
l'amour de l'extraordinaire furent les seules raisons
de cette persuasion générale.... Il y avait longtemps
que Madame était malade d'un abcès qui se formait
dans le foie. Elle était très-malsaine, et même avait
accouché d'un enfant absolument pourri. Son mari,
trop soupçonné dans l'Europe, ne fut ni avant ni
après cet événement accusé d'aucune noirceur, et on
trouve rarement des criminels qui n'aient fait qu'un
grand crime....

« On prétendit que le chevalier de Lorraine, favori
de Monsieur, pour se venger d'un exil et d'une prison que sa conduite coupable auprès de Madame lui
avait attirés, s'était porté à cette horrible vengeance.
On ne fait pas attention que le chevalier de Lorraine
était alors à Rome, et qu'il est bien difficile à un chevalier de Malte de vingt ans, qui est à Rome, d'acheter à Paris la mort d'une grande princesse. »

Si Voltaire avait connu les *Mémoires* du duc de
Saint-Simon, dont nous publions un extrait à la fin
de ce v lume, il n'aurait pas parlé ainsi. Toutes les

prétendues impossibilités qu'il énumère s'y trouvent expliquées; et ce récit, en corroborant l'opinion de M^me de La Fayette et de lord Montaigu, ne permet plus de douter que Madame n'ait péri par le poison.

Les coupables furent le chevalier de Lorraine et le marquis d'Effiat. Le duc d'Orléans n'avait ni connu ni commandé le crime.

Tout le monde se rappelle comment Bossuet a parlé de cette mort. « Nous devions être assez convaincus de notre néant : mais s'il faut des coups de surprise à nos cœurs, enchantés de l'amour du monde, celui-ci est assez grand et assez terrible. O nuit désastreuse ! ô nuit effroyable où retentit tout à coup, comme un éclat de tonnerre, cette étonnante nouvelle : Madame se meurt ! Madame est morte ! Qui de nous ne se sentit frappé à ce coup, comme si quelque tragique accident avait désolé sa famille? Au premier bruit d'un mal si étrange, on accourut à Saint-Cloud de toutes parts; on trouve tout consterné, excepté le cœur de cette princesse.... etc. »

M^me de La Fayette rapporte, tout à la fin de son *Histoire,* que Madame, à son lit de mort, fit don à M. de Condom (Bossuet) d'une émeraude. Il s'en est souvenu dans son oraison funèbre. « Cet art de donner agréablement, qu'elle avait si bien pratiqué durant sa vie, l'a suivie, *je le sais,* jusque entre les bras de la mort. »

# PRÉFACE DE L'AUTEUR.

Henriette de France, veuve de Charles Ier, roi d'Angleterre, avait été obligée, par ses malheurs, de se retirer en France, et avait choisi pour sa retraite ordinaire le couvent de Sainte-Marie de Chaillot; elle y était attirée par la beauté du lieu, et plus encore par l'amitié qu'elle avait pour la mère Angélique[1], supérieure de cette maison. Cette personne était venue fort jeune à la cour, fille d'honneur d'Anne d'Autriche, femme de Louis XIII.

Ce prince, dont les passions étaient pleines d'innocence, en était devenu amoureux; et elle avait répondu à sa passion par une amitié fort tendre, et par une si grande fidélité pour la confiance dont il l'honorait, qu'elle avait été à l'épreuve de tous les avantages que le cardinal de Richelieu lui avait fait envisager.

Comme ce ministre vit qu'il ne la pouvait gagner, il crut avec quelque apparence qu'elle était gouvernée par l'évêque de Limoges, son oncle, attaché à la reine par Mme de Seneçay[2]. Dans cette vue, il

1. Mlle de La Fayette, fille d'honneur d'Anne d'Autriche reine de France.
2. Dame d'honneur d'Anne d'Autriche.

résolut de la perdre, et de l'obliger à se retirer de la
cour ; il gagna le premier valet de chambre du roi,
qui avait leur confiance entière, et l'obligea à rap-
porter de part et d'autre des choses entièrement
opposées à la vérité. Elle était jeune et sans expérience, et crut ce qu'on lui dit ; elle s'imagina qu'on
l'allait abandonner, et se jeta dans les filles de Sainte-
Marie. Le roi fit tous ses efforts pour l'en tirer ; il
lui montra clairement son erreur et la fausseté de ce
qu'elle avait cru ; mais elle résista à tout et se fit religieuse quand le temps le lui put permettre.

Le roi conserva pour elle beaucoup d'amitié, et
lui donna sa confiance ; ainsi, quoique religieuse,
elle était très-considérée, et elle le méritait : j'épou-
sai son frère quelques années avant sa profession ;
et comme j'allais souvent dans son cloître, j'y vis la
jeune princesse d'Angleterre, dont l'esprit et le mérite me charmèrent. Cette connaissance me donna
depuis l'honneur de sa familiarité, en sorte que
quand elle fut mariée, j'eus toutes les entrées particulières chez elle, et quoique je fusse plus âgée de
dix ans qu'elle, elle me témoigna jusqu'à la mort
beaucoup de bonté, et eut beaucoup d'égards pour
moi.

Je n'avais aucune part à sa confidence sur de certaines affaires ; mais quand elles étaient passées, et
presque rendues publiques, elle prenait plaisir à me
les raconter.

L'année 1664, le comte de Guiche [1] fut exilé. Un

1. Fils aîné du maréchal de Grammont.

jour qu'elle me faisait le récit de quelques circonstances assez extraordinaires de sa passion pour elle,
« ne trouvez-vous pas, me dit-elle, que si tout ce
qui m'est arrivé, et les choses qui y ont relation,
était écrit, cela composerait une jolie histoire? Vous
écrivez bien, ajouta-t-elle ; écrivez, je vous fournirai
de bons mémoires. »

J'entrai avec plaisir dans cette pensée, et nous
fîmes ce plan de notre histoire telle qu'on la trouvera
ici.

Pendant quelque temps, lorsque je la trouvais
seule, elle me contait des choses particulières que
j'ignorais ; mais cette fantaisie lui passa bientôt, et
ce que j'avais commencé demeura quatre ou cinq
années sans qu'elle s'en souvînt.

En 1669, le roi alla à Chambord ; elle était à Saint-
Cloud, où elle faisait ses couches de la duchesse de
Savoie, aujourd'hui régnante ; j'étais auprès d'elle, il
y avait peu de monde ; elle se souvint du projet de
cette histoire, et me dit qu'il fallait la reprendre. Elle
me conta la suite des choses qu'elle avait commencé
à me dire ; je me remis à les écrire, je lui montrais le
matin ce que j'avais fait sur ce qu'elle m'avait dit le
soir ; elle en était très-contente ; c'était un ouvrage
assez difficile que de tourner la vérité en de certains
endroits d'une manière qui la fît connaître et qui ne
fût pas néanmoins offensante ni désagréable à la princesse. Elle badinait avec moi sur les endroits qui
me donnaient le plus de peine, et elle prit tant de
goût à ce que j'écrivais, que pendant un voyage
de deux jours que je fis à Paris, elle écrivit elle-

même ce que j'ai marqué pour être de sa main, et que j'ai encore.

Le roi revint: elle quitta Saint-Cloud, et notre ouvrage fut abandonné. L'année suivante, elle fut en Angleterre; et peu de jours après son retour, cette princesse, étant à Saint-Cloud, perdit la vie d'une manière qui fera toujours l'étonnement de ceux qui liront cette histoire. J'avais l'honneur d'être auprès d'elle, lorsque cet accident funeste arriva; je sentis tout ce que l'on peut sentir de plus douloureux, en voyant expirer la plus aimable princesse qui fut jamais, et qui m'avait honorée de ses bonnes grâces; cette perte est de celles dont on ne se console jamais, et qui laissent une amertume répandue dans tout le reste de la vie.

La mort de cette princesse ne me laissa ni le dessein ni le goût de continuer cette histoire, et j'écrivis seulement les circonstances de sa mort dont je fus témoin

# HISTOIRE

# D'HENRIETTE D'ANGLETERRE,

## DUCHESSE D'ORLÉANS.

### (1661-1670.)

---

## I.

La paix était faite entre la France et l'Espagne, le mariage du roi était achevé après beaucoup de difficulté, et le cardinal Mazarin tout glorieux d'avoir donné la paix à la France, semblait n'avoir plus qu'à jouir de cette grande fortune où son bonheur l'avait élevé. Jamais ministre n'avait gouverné avec une puissance si absolue, et jamais ministre ne s'était si bien servi de sa puissance pour l'établissement de sa grandeur.

La reine mère[1], pendant sa régence, lui avait laissé toute l'autorité royale, comme un fardeau trop pesant pour un naturel aussi paresseux que le sien. Le roi[2] à sa majorité lui avait trouvé cette

1. Anne d'Autriche.
2. Louis XIV.

6

*a*

autorité entre les mains, et n'avait eu ni la force,
ni peut-être même l'envie de la lui ôter : on lui
représentait les troubles que la mauvaise conduite
de ce cardinal avait excités comme un effet de la
haine des princes pour un ministre qui avait
voulu donner des bornes à leur ambition; on lui
faisait considérer le ministre comme un homme
qui seul avait tenu le timon de l'État pendant l'o-
rage qui l'avait agité, et dont la bonne conduite
en avait peut-être empêché la perte.

Cette considération jointe à une soumission su-
cée avec le lait, rendit le cardinal plus absolu sur
l'esprit du roi qu'il ne l'avait été sur celui de la
reine. L'étoile qui lui donnait une autorité si entière s'étendit même jusqu'à l'amour. Le roi n'a-
vait pu porter son cœur hors de la famille de cet
heureux ministre, il l'avait donné dès sa plus tendre jeunesse à la troisième de ses nièces, M^{lle} de
Mancini[1], et s'il le retira quand il fut dans un âge
plus avancé, ce ne fut que pour le donner entièrement à une quatrième nièce, qui portait le
même nom de Mancini[2], à laquelle il se soumit si
absolument que l'on peut dire qu'elle fut la maîtresse d'un prince que nous avons vu depuis maître de sa maîtresse et de son amour.

Cette même étoile du cardinal produisait seule

1. Depuis comtesse de Soissons, mère du prince Eugène.
2. Depuis femme du connétable Colonne.

un effet si extraordinaire; elle avait étouffé dans la France tous les restes de cabales et de dissensions. La paix générale avait fini toutes les guerres étrangères; le cardinal avait satisfait en partie aux obligations qu'il avait à la reine par le mariage du roi qu'elle avait si ardemment souhaité et qu'il avait fait, bien qu'il le crût contraire à ses intérêts.

Ce mariage lui était même favorable, et l'esprit doux et paisible de la reine ne lui pouvait laisser lieu de craindre qu'elle entreprît de lui faire ôter le gouvernement de l'État; enfin on ne pouvait ajouter à son bonheur que la durée; mais ce fut ce qui lui manqua.

La mort interrompit une félicité si parfaite, et peu de temps après que l'on fut de retour du voyage où la paix et le mariage s'étaient achevés, il mourut au bois de Vincennes, avec une fermeté beaucoup plus philosophe que chrétienne.

Il laissa par sa mort un amas infini de richesses; il choisit le fils du maréchal de La Meilleraye [1] pour l'héritier de son nom et de ses trésors; il lui fit épouser Hortense, la plus belle de ses nièces, et disposa en sa faveur de tous les établissements qui dépendaient du roi, de la même manière qu'il disposait de son propre bien.

Le roi en agréa néanmoins la disposition aussi

---

1. Depuis duc de Mazarin.

bien que celle qu'il fit en mourant de toutes
les charges et de tous les bénéfices qui étaient
pour lors à donner. Enfin après sa mort son om-
bre était encore la maîtresse de toutes choses, et
il paraissait que le roi ne pensait à se conduire
que par les sentiments qu'il lui avait inspirés.

Cette mort donnait de grandes espérances à
ceux qui pouvaient prétendre au ministère; ils
croyaient avec apparence qu'un roi qui venait de
se laisser gouverner entièrement tant pour les
choses qui regardaient son État que pour celles
qui regardaient sa personne, s'abandonnerait à la
conduite d'un ministre qui ne voudrait se mêler
que des affaires publiques et qui ne prendrait
point connaissance de ses actions particulières.

Il ne pouvait tomber dans leur imagination
qu'un homme pût être si dissemblable de lui-
même, et qu'ayant toujours laissé l'autorité de roi
entre les mains de son premier ministre, il voulût
reprendre à la fois et l'autorité de roi et les fonc-
tions de premier ministre.

Ainsi beaucoup de gens espéraient quelque part
aux affaires; et beaucoup de dames par des raisons à peu près semblables espéraient beaucoup
de part aux bonnes grâces du roi. Elles avaient vu
qu'il avait passionnément aimé M^{lle} Mancini et
qu'elle avait paru avoir sur lui le plus absolu pouvoir qu'une maîtresse ait jamais eu sur le cœur

d'un amant; elles espéraient qu'ayant plus de charmes, elles auraient pour le moins autant de crédit, et il y en avait déjà beaucoup qui prenaient pour modèle de leur fortune celui de la duchesse de Beaufort[1].

Mais pour mieux faire comprendre l'état de la cour après la mort du cardinal Mazarin et la suite des choses dont nous avons à parler, il faut dépeindre en peu de mots les personnes de la maison royale, les ministres qui pouvaient prétendre au gouvernement de l'État et les dames qui pouvaient aspirer aux bonnes grâces du roi.

La reine mère[2], par son rang, tenait la première place dans la maison royale, et, selon les apparences, elle devait la tenir par son crédit : mais le même naturel qui lui avait rendu l'autorité royale un pesant fardeau, pendant qu'elle était tout entière entre ses mains, l'empêchait de songer à en reprendre une partie lorsqu'elle n'y était plus. Son esprit avait paru inquiet et porté aux affaires pendant la vie du roi son mari, mais dès qu'elle avait été maîtresse et d'elle-même et du royaume, elle n'avait pensé qu'à mener une vie douce, à s'occuper à ses exercices de dévotion, et avait témoigné une assez grande indifférence pour toutes choses. Elle était sensible

1. Gabrielle d'Estrées, maîtresse de Henri IV.
2. Anne d'Autriche.

néanmoins à l'amitié de ses enfants; elle les avait élevés auprès d'elle avec une tendresse qui lui donnait quelque jalousie des personnes avec lesquelles ils cherchaient leur plaisir : ainsi, elle était contente, pourvu qu'ils eussent de l'attention à la voir, et elle était incapable de se donner la peine de prendre sur eux une véritable autorité.

La jeune reine[1] était une personne de vingt-deux ans, bien faite de sa personne et qu'on pouvait appeler belle, quoiqu'elle ne fût pas agréable. Le peu de séjour qu'elle avait fait en France, et les impressions qu'on en avait données avant qu'elle y arrivât, étaient cause qu'on ne la connaissait quasi pas, ou que, du moins, on croyait ne la pas connaître, en la trouvant d'un esprit fort éloigné de ces desseins ambitieux dont on avait tant parlé; on la voyait tout occupée d'une violente passion pour le roi, attachée dans tout le reste de ses actions à la reine sa belle-mère, sans distinction de personnes, ni de divertissements, et sujette à beaucoup de chagrins à cause de l'extrême jalousie qu'elle avait du roi.

Monsieur, frère unique du roi, n'était pas moins attaché à la reine sa mère; ses inclinations étaient aussi conformes aux occupations des femmes que celles du roi en étaient éloignées; il était beau et

1. Thérèse d'Autriche.

bien fait, mais d'une beauté et d'une taille plus
convenables à une princesse qu'à un prince ; aussi
avait-il plus songé à faire admirer sa beauté de
tout le monde, qu'à s'en servir pour se faire aimer
des femmes, quoiqu'il fût continuellement avec
elles ; son amour-propre semblait ne le rendre capable que d'attachement pour lui-même.

M^me de Thianges[1], fille aînée du duc de Mortemart, avait paru lui plaire plus que les autres,
mais leur commerce était plutôt une confidence
libertine qu'une véritable galanterie ; l'esprit du
prince était naturellement doux, bienfaisant et
civil, capable d'être prévenu, et si susceptible
d'impressions, que les personnes qui l'approchaient pouvaient quasi répondre de s'en rendre
maîtres, en le prenant par son faible. La jalousie
dominait en lui, mais cette jalousie le faisait plus
souffrir que personne, la douceur de son humeur
le rendant incapable des actions violentes que la
grandeur de son rang aurait pu lui permettre.

Il est aisé de juger par ce que nous venons de
dire, qu'il n'avait nulle part aux affaires, puisque
sa jeunesse, ses inclinations et la domination absolue du cardinal, étaient autant d'obstacles qui
l'en éloignaient.

Il semble qu'en voulant décrire la maison royale

---

1. M^lle de La Rochechouart, sœur aînée de M^me de Montespan.

je devais commencer par celui qui en est le chef;
mais on ne saurait le dépeindre que par ses actions, et celles que nous avons vues jusqu'au
temps dont nous venons de parler, étaient si éloignées de celles que nous avons vues depuis,
qu'elles ne pourraient guère servir à le faire connaître. On en pourra juger par ce que nous avons
à dire; on le trouvera sans doute un des plus
grands rois qui aient jamais été, un des plus honnêtes hommes de son royaume, et l'on pourrait
dire le plus parfait s'il n'était point si avare de
l'esprit que le ciel lui a donné, et qu'il voulût le
laisser paraître tout entier sans le renfermer si
fort dans la majesté de son rang.

Voilà quelles étaient les personnes qui compo-
saient la maison royale; pour le ministère, il
était douteux entre M. Fouquet, surintendant des
finances; M. Letellier, secrétaire d'État, et M. Colbert. Ce troisième avait eu, dans les derniers
temps, toute la confiance du cardinal Mazarin; on
savait que le roi n'agissait encore que selon les
sentiments et les mémoires de ce ministre, mais
l'on ne savait pas précisément quels étaient les
sentiments et les mémoires qu'il avait donnés à
Sa Majesté; on ne doutait pas qu'il n'eût ruiné la
reine mère dans l'esprit du roi, aussi bien que
beaucoup d'autres personnes, mais on ignorait
celles qu'il y avait établies.

M. Fouquet, peu de temps avant la mort du cardinal, avait été quasi perdu auprès de lui pour s'être brouillé avec M. Colbert. Ce surintendant était un homme d'une étendue d'esprit et d'une ambition sans bornes, civil, obligeant pour tous les gens de qualité, et qui se servait des finances pour les acquérir et pour les embarquer dans ses intrigues, dont les desseins étaient infinis pour les affaires, aussi bien que pour la galanterie.

M. Letellier paraissait plus sage et plus modéré, attaché à ses seuls intérêts et à des intérêts solides, sans être capable de s'éblouir du faste et de l'éclat comme M. Fouquet.

M. Colbert était peu connu par diverses raisons, et l'on savait seulement qu'il avait gagné la confiance du cardinal par son habileté et son économie.

Le roi n'appelait au conseil que ces trois personnes, et l'on attendait à voir qui l'emporterait sur les autres, sachant bien qu'ils n'étaient pas unis, et que quand ils l'auraient été, il était impossible qu'ils le demeurassent.

Il nous reste à parler des dames qui étaient alors le plus avant à la cour, et qui pouvaient aspirer aux bonnes grâces du roi.

La comtesse de Soissons aurait pu y prétendre, par la grande habitude qu'elle avait conservée avec lui, et pour avoir été sa première inclination.

C'était une personne qu'on ne pouvait pas appeler belle, et qui, néanmoins, était capable de plaire. Son esprit n'avait rien d'extraordinaire, ni de fort poli, mais il était naturel et agréable avec les personnes qu'elle connaissait. La grande fortune de son oncle l'autorisait à n'avoir pas besoin de se contraindre. Cette liberté qu'elle avait prise, jointe à un esprit vif et à un naturel ardent, l'avait rendue si attachée à ses propres volontés, qu'elle était incapable de s'assujettir qu'à ce qui lui était agréable : elle avait naturellement de l'ambition, et dans le temps où le roi l'avait aimée, le trône ne lui avait point paru trop au-dessus d'elle pour n'oser y aspirer. Son oncle, qui l'aimait fort, n'avait pas été éloigné du dessein de l'y faire monter; mais tous les faiseurs d'horoscope l'avaient tellement assuré qu'elle ne pourrait y parvenir, qu'il en avait perdu la pensée, et l'avait mariée au comte de Soissons. Elle avait pourtant toujours conservé quelque crédit auprès du roi, et une certaine liberté de lui parler plus hardiment que les autres; ce qui faisait soupçonner assez souvent que dans de certains moments la galanterie trouvait encore place dans leur conversation.

Cependant il paraissait impossible que le roi lui redonnât son cœur; ce prince était plus sensible en quelque manière à l'attachement qu'on avait pour lui qu'à l'agrément et au mérite des per-

sonnes. Il avait aimé la comtesse de Soissons avant
qu'elle fût mariée, il avait cessé de l'aimer, par
l'opinion qu'il avait que Villequier[1] ne lui était
pas désagréable; peut-être l'avait-il cru sans fondement, et il y a même assez d'apparence qu'il se
trompait, puisque étant si peu capable de se contraindre, si elle l'eût aimé, elle l'eût bientôt fait
paraître. Mais enfin, puisqu'il l'avait quittée sur le
simple soupçon qu'un autre en était aimé, il
n'avait garde de retourner à elle, lorsqu'il croyait
avoir une certitude entière qu'elle aimait le marquis de Vardes[2].

Mlle Mancini était encore à la cour quand son
oncle mourut. Pendant sa vie il avait conclu son
mariage avec le connétable Colonne, et l'on n'attendait plus que celui qui devait l'épouser au nom
de ce connétable, pour la faire partir de France.
Il était difficile de démêler quels étaient ses sentiments pour le roi, et quels sentiments le roi avait
pour elle. Il l'avait passionnément aimée, comme
nous avons déjà dit : et pour faire comprendre
jusqu'où cette passion l'avait mené, nous dirons
en peu de mots ce qui s'était passé à la mort du
cardinal.

Cet attachement avait commencé pendant le

1. Depuis duc d'Aumont.
2. Dubec Crepin, marquis de Vardes, capitaine des Cent-
Suisses.

voyage de Calais, et la reconnaissance l'avait fait naître plutôt que la beauté : M<sup>lle</sup> de Mancini n'en avait aucune; il n'y avait nul charme dans sa personne et très-peu dans son esprit, quoiqu'elle en eût infiniment. Elle l'avait hardi, résolu, emporté, libertin et éloigné de toute sorte de civilité et de politesse.

Pendant une dangereuse maladie que le roi avait eue à Calais, elle avait témoigné une affliction si violente de son mal, et l'avait si peu cachée, que, lorsqu'il commença à se mieux porter, tout le monde lui parla de la douleur de M<sup>lle</sup> de Mancini : peut-être dans la suite lui en parla-t-elle elle-même. Enfin elle lui fit paraître tant de passion, et rompit si entièrement toutes les contraintes où la reine mère et le cardinal la tenaient, que l'on peut dire qu'elle contraignit le roi à l'aimer.

Le cardinal ne s'opposa pas d'abord à cette passion; il crut qu'elle ne pouvait être que conforme à ses intérêts; mais comme il vit dans la suite que sa nièce ne lui rendait aucun compte de ses conversations avec le roi, et qu'elle prenait sur son esprit tout le crédit qui lui était possible, il commença à craindre qu'elle n'y en prît trop, et voulut apporter quelque diminution à cet attachement. Il vit bientôt qu'il s'en était avisé trop tard; le roi était entièrement abandonné à sa passion, et l'opposition qu'il fit paraître ne servit qu'à aigrir contre lui l'esprit de sa nièce, et à la porter à lui rendre toutes sortes de mauvais services.

Elle n'en rendit pas moins à la reine dans l'esprit du roi, soit en lui décriant sa conduite pendant la régence, ou en lui apprenant tout ce que la médisance avait inventé contre elle; enfin elle éloignait si bien de l'esprit du roi tous ceux qui pouvaient lui nuire et s'en rendit maîtresse si absolue, que pendant le temps que l'on commençait à traiter la paix et le mariage, il demanda au cardinal la permission de l'épouser, et témoigna ensuite, par toutes ses actions, qu'il le souhaitait.

Le cardinal qui savait que la reine ne pourrait entendre sans horreur la proposition de ce mariage, et que l'exécution en eût été très-hasardeuse pour lui, se voulut faire un mérite envers la reine et envers l'État, d'une chose qu'il croyait contraire à ses propres intérêts.

Il déclara au roi qu'il ne consentirait jamais à lui laisser faire une alliance si disproportionnée, et que s'il la faisait de son autorité absolue, il lui demanderait à l'heure même la permission de se retirer hors de France.

La résistance du cardinal étonna le roi, et lui fit peut-être faire des réflexions qui ralentirent la violence de son amour : l'on continua de traiter la paix et le mariage, et le cardinal, avant que de partir pour aller régler les articles de l'un et de l'autre, ne voulut pas laisser sa nièce à la cour : il résolut de l'envoyer à Brouage ; le roi en fut aussi affligé que le peut être un amant à qui l'on ôte sa maîtresse ; mais M^{lle} Mancini, qui ne se contentait pas des mouvements de son cœur, et qui aurait voulu qu'il eût témoigné son amour par des actions d'autorité, lui reprocha, en lui voyant répandre des larmes lorsqu'elle monta en carrosse, qu'il pleurait et qu'il était le maître : ces reproches ne l'obligèrent pas à le vouloir être ; il la laissa partir quelque affligé qu'il fût, lui promettant néanmoins qu'il ne consentirait jamais au mariage d'Espagne, et qu'il n'abandonnerait pas le dessein de l'épouser.

Toute la cour partit quelque temps après pour aller à Bordeaux, afin d'être plus près du lieu où l'on traitait la paix.

Le roi vit M^{lle} Mancini à Saint-Jean d'Angely ; il en parut plus amoureux que jamais dans le peu de moments qu'il eut à être avec elle, et lui promit toujours la même fidélité ; le temps, l'absence et la raison le firent enfin manquer à sa promesse, et quand le traité fut achevé, il l'alla signer à l'île de la Conférence, et prendre l'infante d'Espagne des mains du roi son père, pour la faire reine de France dès le lendemain.

La cour revint ensuite à Paris. Le cardinal, qui

ne craignait plus rien, y fit aussi revenir ses
nièces.

M^lle de Mancini était outrée de rage et de désespoir : elle trouvait qu'elle avait perdu en même
temps un amant fort aimable et la plus belle couronne de l'univers ; un esprit plus modéré que le
sien aurait eu de la peine à ne pas s'emporter
dans une semblable occasion ; aussi s'était-elle
abandonnée à la colère.

Le roi n'avait plus la même passion pour elle ;
la possession d'une princesse belle et jeune,
comme la reine sa femme, l'occupait agréablement : néanmoins, comme l'attachement d'une
femme est rarement un obstacle à l'amour qu'on
a pour une maîtresse, le roi serait peut-être
revenu à M^lle Mancini, s'il n'eût connu qu'entre
tous les partis qui se présentaient alors pour
l'épouser, elle souhaitait ardemment le duc
Charles, neveu du duc de Lorraine, et s'il n'a-
vait été persuadé que ce prince avait su toucher
son cœur.

Le mariage ne s'en put faire par plusieurs raisons ; le cardinal conclut celui du connétable Colonne, et mourut comme nous avons dit avant
qu'il fût achevé.

M^lle Mancini avait une si horrible répugnance
pour ce mariage, que voulant l'éviter, si elle eût
eu quelque apparence de regagner le cœur du

roi, malgré tout son dépit, elle y aurait travaillé de toute sa puissance.

Le public ignorait le secret dépit qu'avait eu le roi du penchant qu'elle avait témoigné pour le mariage du neveu du duc de Lorraine, et comme on le voyait souvent aller au palais Mazarin, où elle logeait avec M^me Mazarin sa sœur, on ne savait si le roi y était conduit par les restes de son ancienne flamme, ou par les étincelles d'une nouvelle, que les yeux de M^me Mazarin étaient bien capables d'allumer.

C'était, comme nous avons dit, non-seulement la plus belle des nièces du cardinal, mais aussi une des plus parfaites beautés de la cour. Il ne lui manquait que de l'esprit pour être accomplie, et pour lui donner la vivacité qu'elle n'avait pas; ce défaut même n'en était pas un pour tout le monde, et beaucoup de gens trouvaient son air languissant et sa négligence capables de se faire aimer.

Ainsi les opinions se portaient aisément à croire que le roi lui en voulait, et que l'ascendant du cardinal garderait encore son cœur dans sa famille. Il est vrai que cette opinion n'était pas sans fondement; l'habitude que le roi avait prise avec les nièces du cardinal, lui donnait plus de disposition à leur parler qu'à toutes les autres femmes; et la beauté de M^me Mazarin, jointe à l'avantage que donne un mari qui n'est guère aimable, à un roi qui l'est beaucoup, l'eût aisément porté à l'aimer, si M. de Mazarin n'avait eu soin d'éloigner sa femme des lieux où était le roi.

Il y avait à la cour un grand nombre de belles dames, sur qui le roi aurait pu jeter les yeux. M^me d'Armagnac, fille du maréchal de Villeroi, était d'une beauté à attirer ceux de tout le monde. Pendant qu'elle était fille, elle avait donné beaucoup d'espérance à tous ceux qui l'avaient aimée, qu'elle souffrirait aisément de l'être lorsque le mariage l'aurait mise dans une condition plus libre. Cependant, sitôt qu'elle eut épousé M. d'Armagnac, soit qu'elle eût de la passion pour lui, ou que l'âge l'eût rendue plus circonspecte, elle s'était entièrement retirée dans sa famille.

La seconde fille du duc de Mortemart[1], qu'on appelait M^lle de Tonnay-Charente, était encore une beauté très-achevée, quoiqu'elle ne fût pas parfaitement agréable. Elle avait beaucoup d'esprit, et une sorte d'esprit plaisant et naturel, comme tous ceux de sa maison.

Le reste des belles personnes qui étaient à la cour ont trop peu de part à ce que nous avons à dire pour m'obliger d'en parler, et nous ferons seulement mention de celles qui s'y trouveront mêlées, selon que la suite nous y engagera.

1. M^me de Montespan.

## II.

La cour était revenue à Paris aussitôt après la mort du cardinal. Le roi s'appliquait à prendre une connaissance exacte des affaires ; il donnait à cette occupation la plus grande partie de son temps, et partageait le reste avec la reine sa femme.

Celui qui devait épouser M$^{lle}$ Mancini au nom du connétable Colonne, arriva à Paris, et elle eut la douleur de se voir chasser de France par le roi ; ce fut à la vérité avec tous les honneurs imaginables. Le roi la traita dans son mariage, et dans tout le reste, comme si son oncle eût encore vécu ; mais enfin on la maria, et on la fit partir avec assez de précipitation.

Elle soutint sa douleur avec beaucoup de constance, et même avec assez de fierté ; mais au premier lieu où elle coucha en sortant de Paris, elle se trouva si pressée de sa douleur, et si accablée de l'extrême violence qu'elle s'était faite, qu'elle pensa y demeurer ; enfin elle continua son chemin, et s'en alla en Italie, avec la consolation de n'être plus sujette d'un roi dont elle avait cru être la femme.

La première chose considérable qui se fit après la mort du cardinal, ce fut le mariage de Monsieur avec la princesse d'Angleterre. Il avait été

résolu par le cardinal, et quoique cette alliance
semblât contraire à toutes les règles de la politique,
il avait cru qu'on devait être si assuré de la douceur
du naturel de Monsieur, et de son attachement
pour le roi, qu'on ne devait point craindre de lui
donner un roi d'Angleterre pour beau-frère.

L'histoire de notre siècle est remplie des
grandes révolutions de ce royaume, et le malheur
qui fit perdre la vie au meilleur roi [1] du monde
sur un échafaud par les mains de ses sujets, et
qui contraignit la reine sa femme à venir chercher un asile dans le royaume de ses pères, est
un exemple de l'inconstance de la fortune, qui
est su de toute la terre.

Le changement funeste de cette maison royale
fut favorable en quelque chose à la princesse
d'Angleterre. Elle était encore dans les bras de sa
nourrice, et fut la seule de tous les enfants de la
reine sa mère [2] qui se trouvât auprès d'elle pendant sa disgrâce. Cette reine s'appliquait tout entière au soin de son éducation, et le malheur de
ses affaires la faisant plutôt vivre en personne
privée qu'en souveraine, cette jeune princesse prit
toutes les lumières, toute la civilité et toute l'hu-
manité des conditions ordinaires, et conserva

1. Charles Ier, qui eut la tête tranchée à Londres, le 9 février
1649.
2. Henriette de France, fille de Henri IV.

dans son cœur et dans sa personne toutes les grandeurs de sa naissance royale.

Aussitôt que cette princesse commença à sortir de l'enfance, on lui trouva un agrément extraordinaire. La reine mère témoigna beaucoup d'inclination pour elle ; et comme il n'y avait alors nulle apparence que le roi pût épouser l'infante sa nièce, elle parut souhaiter qu'il épousât cette princesse. Le roi, au contraire, témoigna de l'aversion pour ce mariage, et même pour sa personne : il la trouvait trop jeune pour lui, et il avouait enfin qu'elle ne lui plaisait pas, quoiqu'il n'en pût dire la raison ; aussi eût-il été difficile d'en trouver ; c'était principalement ce que la princesse d'Angleterre possédait au souverain degré que le don de plaire et ce qu'on appelle grâces ; les charmes étaient répandus en toute sa personne, dans ses actions et dans son esprit, et jamais princesse n'a été si également capable de se faire aimer des hommes et adorer des femmes.

En croissant, sa beauté augmenta aussi ; en sorte que, quand le mariage du roi fut achevé, celui de Monsieur et d'elle fut résolu. Il n'y avait rien à la cour qu'on pût lui comparer.

En ce même temps le roi son frère fut rétabli sur le trône par une révolution presque aussi prompte que celle qui l'en avait chassé. Sa mère voulut aller jouir du plaisir de le voir paisible possesseur de son royaume, et avant que d'achever le mariage de la princesse sa fille, elle la mena avec elle en Angleterre. Ce fut dans ce voyage que la princesse commença à reconnaître la puissance de ses charmes; le duc de Buckingham, fils de celui qui fut décapité [1], jeune et bien fait, était alors fortement attaché à la princesse royale sa sœur, qui était à Londres. Quelque grand que fût cet attachement, il ne put tenir contre la princesse d'Angleterre, et ce duc devint si passionnément amoureux d'elle, qu'on peut dire qu'il en perdit la raison.

La reine d'Angleterre était tous les jours pressée par des lettres de Monsieur de s'en retourner en France, pour achever son mariage qu'il témoignait souhaiter avec impatience; ainsi elle fut obligée de partir, quoique la saison fût fort rude et fort fâcheuse.

Le roi son fils l'accompagna jusqu'à une journée de Londres. Le duc de Buckingham la suivit comme tout le reste de la cour; mais au lieu de s'en retourner de même, il ne put se résoudre à abandonner la princesse d'Angleterre, et demanda au roi permission de passer en France; de sorte que, sans équipage et sans toutes les choses néces-

1. Il ne fut pas décapité, mais il fut assassiné par Felton.

saires pour un pareil voyage, il s'embarqua à
Portsmouth avec la reine.

Le vent fut favorable le premier jour, mais le
lendemain il fut si contraire, que le vaisseau de la
reine se trouva ensablé et en grand danger de pé-
rir; l'épouvante fut grande dans tout le navire, et le
duc de Buckingham, qui craignait pour plus d'une
vie, parut dans un désespoir inconcevable.

Enfin, on tira le vaisseau du péril où il était,
mais il fallut relâcher au port.

M^{me} la princesse d'Angleterre fut attaquée d'une
fièvre très-violente. Elle eut pourtant le courage
de vouloir se rembarquer dès que le vent fut favorable; mais sitôt qu'elle fut dans le vaisseau, la
rougeole sortit; de sorte qu'on ne put abandonner
la terre, et qu'on ne put songer à débarquer, de
peur de hasarder sa vie par cette agitation.

Sa maladie fut très-dangereuse. Le duc de Buckingham parut comme un fou et un désespéré,
dans les moments où il la crut en péril. Enfin
lorsqu'elle se porta assez bien pour souffrir la
mer, et pour aborder au Havre, il eut des jalousies si extravagantes des soins que l'amiral d'Angleterre prenait pour cette princesse, qu'il le que-
rella sans aucune sorte de raison; et la reine,
craignant qu'il n'en arrivât du désordre, ordonna
au duc de Buckingham de s'en aller à Paris, pendant qu'elle séjournerait quelque temps au Havre,

pour laisser reprendre des forces à la princesse sa fille.

Lorsqu'elle fut entièrement rétablie, elle revint à Paris. Monsieur alla au-devant d'elle, avec tous les empressements imaginables, et continua jusqu'à son mariage à lui rendre des devoirs, auxquels il ne manquait que de l'amour; mais le miracle d'enflammer le cœur de ce prince n'était réservé à aucune femme du monde.

Le comte de Guiche [1] était en ce temps-là son favori. C'était le jeune homme de la cour le plus beau et le mieux fait, aimable de sa personne, galant, hardi, brave, rempli de grandeur et d'élévation : la vanité que tant de bonnes qualités lui donnaient, et un air méprisant répandu dans toutes ses actions, ternissaient un peu tout ce mérite; mais il faut pourtant avouer qu'aucun homme de la cour n'en avait autant que lui. Monsieur l'avait fort aimé dès l'enfance, et avait toujours conservé avec lui un grand commerce, et aussi étroit qu'il y en peut avoir entre jeunes gens.

Le comte était alors amoureux de M^me de Chalais, fille du duc de Marmoutiers; elle était très-

1. Fils aîné du maréchal de Grammont, et mari de M^lle de Béthune, petite-fille du chancelier Séguier. M^me de Sévigné disait de lui : « C'est un héros de roman, qui ne ressemble point au reste des hommes. »

aimable, sans être fort belle; il la cherchait partout, il la suivait en tout lieu : enfin c'était une passion si publique et si déclarée, qu'on doutait qu'elle fût approuvée de celle qui la causait; et l'on s'imaginait que s'il y avait eu quelque intelligence entre eux, elle lui aurait fait prendre des chemins plus cachés. Cependant il est certain que s'il n'en était pas tout à fait aimé, il n'en était pas haï, et qu'elle voyait son amour sans colère. Le duc de Buckingham fut le premier qui se douta qu'elle n'avait pas assez de charmes pour retenir un homme qui serait tous les jours exposé à ceux de M^{me} la princesse d'Angleterre. Un soir qu'il était venu chez elle, M^{me} de Chalais y vint aussi. La princesse lui dit en anglais, que c'était la maîtresse du comte de Guiche, et lui demanda s'il ne la trouvait pas fort aimable. « Non, lui répondit-il, je ne trouve pas qu'elle le soit assez pour lui, qui me paraît, malgré que j'en aie, le plus honnête homme de toute la cour, et je souhaite, madame, que tout le monde ne soit pas de mon avis. » La princesse ne fit pas réflexion à ce discours, et le regarda comme un effet de la passion de ce duc, dont il lui donna tous les jours quelque preuve, et qu'il ne laissait que trop voir à tout le monde.

Monsieur s'en aperçut bientôt, et ce fut en cette occasion que M^{me} la princesse d'Angleterre dé-

couvrit pour la première fois cette jalousie naturelle, dont il lui donna depuis tant de marques.
Elle vit donc son chagrin; et comme elle ne se
souciait pas du duc de Buckingham, qui, quoique
fort aimable, a eu souvent le malheur de n'être
pas aimé, elle en parla à la reine sa mère qui prit
soin de remettre l'esprit de Monsieur, et de lui
faire concevoir que la passion du duc était regardée comme une chose ridicule.

Cela ne déplut point à Monsieur; mais il n'en
fut pas entièrement satisfait; il s'en ouvrit à la
reine sa mère, qui eut de l'indulgence pour la
passion du duc, en faveur de celle que son père
lui avait autrefois témoignée. Elle ne voulut pas
qu'on fît de bruit, mais elle fut d'avis qu'on lui fît
entendre, lorsqu'il aurait fait encore quelque séjour en France, que son retour était nécessaire en
Angleterre, ce qui fut exécuté dans la suite.

Enfin le mariage de Monsieur s'acheva, et fut
fait en carême, sans cérémonie, dans la chapelle
du palais. Toute la cour rendit ses devoirs à M$^{me}$ la
princesse d'Angleterre, que nous appellerons do-
rénavant Madame.

Il n'y eut personne qui ne fût surpris de son
agrément, de sa civilité et de son esprit : comme
la reine mère la tenait fort près de sa personne,
on ne la voyait jamais que chez elle, où elle ne
parlait quasi point. Ce fut une nouvelle découverte

de lui trouver l'esprit aussi aimable que tout le reste ; on ne parlait que d'elle , et tout le monde s'empressait à lui donner des louanges.

Quelque temps après son mariage, elle vint loger chez Monsieur, aux Tuileries ; le roi et la reine allèrent à Fontainebleau. Monsieur et Madame demeurèrent encore quelque temps à Paris. Ce fut alors que toute la France se trouva chez elle ; tous les hommes ne pensaient qu'à lui faire leur cour, et toutes les femmes qu'à lui plaire.

M$^{me}$ de Valentinois, sœur du comte de Guiche, que Monsieur aimait fort, à cause de son frère et à cause d'elle-même, car il avait pour elle toute l'inclination dont il était capable, fut une de celles qu'elle choisit pour être dans ses plaisirs. M$^{lles}$ de Créqui et de Châtillon et M$^{lle}$ de Tonnay-Charente[1] avaient l'honneur de la voir souvent, aussi bien que d'autres personnes, à qui elle avait témoigné de la bonté avant qu'elle fût mariée.

M$^{lle}$ de La Trémouille et M$^{me}$ de La Fayette étaient de ce nombre. La première lui plaisait par sa bonté et par une certaine ingénuité à conter ce qu'elle avait dans le cœur, qui ressentait la simplicité des premiers siècles ; l'autre lui avait été agréable par son bonheur ; car bien qu'on lui trouvât du mérite, c'était une sorte de mérite si

1. Depuis M$^{me}$ de Montespan.

sérieux en apparence, qu'il ne semblait pas qu'il
dût plaire à une princesse aussi jeune que Madame. Cependant elle lui avait été agréable, et elle
avait été si touchée du mérite et de l'esprit de
Madame, qu'elle lui dut plaire dans la suite, par
l'attachement qu'elle eut pour elle.

Toutes ces personnes passaient les après-dînées
chez Madame. Elles avaient l'honneur de la suivre
au Cours; au retour de la promenade, on soupait
chez Monsieur; après le souper, tous les hommes
de la cour s'y rendaient, et on passait le soir
parmi les plaisirs de la comédie, du jeu et des
violons. Enfin on s'y divertissait avec tout l'agrément imaginable, et sans aucun mélange de chagrin. M^{lle} de Chalais y venait assez souvent; le
comte de Guiche ne manquait pas de s'y rendre.
La familiarité qu'il avait chez Monsieur lui donnait
l'entrée chez ce prince aux heures les plus particulières. Il voyait Madame à tous moments avec
tous ses charmes. Monsieur prenait même le soin
de les lui faire admirer; enfin il l'exposait à un
péril qu'il était presque impossible d'éviter.

Après quelque séjour à Paris, Monsieur et Madame s'en allèrent à Fontainebleau. Madame y
porta la joie et les plaisirs. Le roi connut, en la
voyant de plus près, combien il avait été injuste
en ne la trouvant pas la plus belle personne du
monde. Il s'attacha fort à elle et lui témoigna une

complaisance extrême. Elle disposait de toutes les
parties de divertissement ; elles se faisaient toutes
pour elle, et il paraissait que le roi n'y avait de
plaisir que par celui qu'elle en recevait. C'était
dans le milieu de l'été. Madame s'allait baigner
tous les jours. Elle partait en carrosse, à cause de
la chaleur, et revenait à cheval, suivie de toutes
les dames, habillées galamment, avec mille plu-
mes sur la tête, accompagnées du roi et de la jeunesse de la cour. Après souper on montait dans les
calèches, et, au bruit des violons, on s'allait
promener une partie de la nuit autour du canal.

L'attachement que le roi avait pour Madame
commença bientôt à faire du bruit et à être inter-
prété diversement. La reine mère en eut d'abord
beaucoup de chagrin ; il lui parut que Madame lui
ôtait absolument le roi, et qu'il lui donnait toutes
les heures qui avaient accoutumé d'être pour elle.
La grande jeunesse de Madame lui persuada qu'il
serait facile d'y remédier, et que lui faisant parler
par l'abbé de Montaigu et par quelques personnes
qui devaient avoir quelque crédit sur son esprit,
elle l'obligerait à se tenir plus attachée à sa personne, et de n'attirer pas le roi dans des divertissements qui en étaient éloignés.

Madame était lasse de l'ennui et de la contrainte
qu'elle avait essuyés auprès de la reine sa mère.
Elle crut que la reine sa belle-mère voulait pren-

dre sur elle une pareille autorité. Elle fut occupée
de la joie d'avoir ramené le roi à elle, et de savoir
par lui-même que la reine mère tâchait de l'en
éloigner. Toutes ces choses la détournèrent tellement des mesures qu'on voulait lui faire prendre,
que même elle n'en garda plus aucune. Elle se lia
d'une manière étroite avec la comtesse de Soissons, qui était alors l'objet de la jalousie de la
reine et de l'aversion de la reine mère, et ne
pensa plus qu'à plaire au roi comme belle-sœur.
Je crois qu'elle lui plut d'une autre manière ;
je crois aussi qu'elle pensa qu'il ne lui plaisait que comme un beau-frère, quoiqu'il lui plût
peut-être davantage : mais enfin, comme ils
étaient tous deux infiniment aimables, et tous
deux nés avec des dispositions galantes ; qu'ils
se voyaient tous les jours, au milieu des plaisirs
et des divertissements, il parut aux yeux de
tout le monde qu'ils avaient l'un pour l'autre
cet agrément qui précède d'ordinaire les grandes
passions.

Cela fit bientôt beaucoup de bruit à la cour. La
reine mère fut ravie de trouver un prétexte si spé-
cieux de bienséance et de dévotion pour s'opposer
à l'attachement que le roi avait pour Madame ;
elle n'eut pas de peine à faire entrer Monsieur
dans ses sentiments. Il était jaloux par lui-même,
et il le devenait encore davantage par l'humeur de

Madame, qu'il ne trouvait pas aussi éloignée de la galanterie qu'il l'aurait souhaité.

L'aigreur s'augmentait tous les jours entre la reine mère et elle; le roi donnait toutes les espérances à Madame, mais il se ménageait néanmoins avec la reine mère, en sorte que lorsqu'elle redisait à Monsieur ce que le roi lui avait dit, Monsieur trouvait assez de matière pour pouvoir persuader à Madame que le roi n'avait pas pour elle autant de considération qu'il lui en témoignait. Tout cela faisait un cercle de redites et de démêlés qui ne donnait pas un moment de repos ni aux uns ni aux autres. Cependant le roi et Madame, sans s'expliquer entre eux de ce qu'ils sentaient l'un pour l'autre, continuèrent de vivre d'une manière qui ne laissait douter à personne qu'il n'y eût entre eux plus que de l'amitié.

Le bruit s'en augmenta fort, et la reine mère et Monsieur en parlèrent si fortement au roi et à Madame, qu'ils commencèrent à ouvrir les yeux et à faire peut-être des réflexions qu'ils n'avaient point encore faites; enfin ils résolurent de faire cesser ce grand bruit, et, par quelque motif que ce pût être, ils convinrent entre eux que le roi ferait l'amoureux de quelque personne de la cour. Ils jetèrent les yeux sur celles qui paraissaient les plus propres à ce dessein, et choisirent entre autres M<sup>lle</sup> de Pons, parente du maréchal d'Albret, et

qui, pour être nouvellement venue de province,
n'avait pas toute l'habileté imaginable; ils jetèrent
aussi les yeux sur Chémerault, une des filles de la
reine, fort coquette, et sur La Vallière, qui était
une fille de Madame, fort jolie, fort douce et fort
naïve. La fortune de cette fille était médiocre; sa
mère s'était remariée à Saint-Remi, premier maître d'hôtel de M. le duc d'Orléans : ainsi elle avait
presque toujours été à Orléans ou à Blois. Elle se
trouvait très-heureuse d'être auprès de Madame.
Tout le monde la trouvait jolie; plusieurs jeunes
gens avaient pensé à s'en faire aimer. Le comte
de Guiche s'y était attaché plus que les autres; il
y paraissait encore tout occupé lorsque le roi la
choisit pour une de celles dont il voulait éblouir
le public. De concert avec Madame, il commença,
non-seulement à faire l'amoureux d'une des trois
qu'ils avaient choisies, mais de toutes les trois ensemble. Il ne fut pas longtemps sans prendre
parti : son cœur se détermina en faveur de La
Vallière; et quoiqu'il ne laissât pas de dire des
douceurs aux autres, et d'avoir même un commerce assez réglé avec Chémerault, La Vallière
eut tous ses soins et toutes ses assiduités.

Le comte de Guiche qui n'était pas assez amoureux pour s'opiniâtrer contre un rival si redou-
table, l'abandonna, et se brouilla avec elle, en lui
disant des choses assez désagréables.

Madame vit avec quelque chagrin que le roi s'attachait véritablement à La Vallière ; ce n'est peut-être pas qu'elle en eût ce qu'on pourrait appeler de la jalousie, mais elle eût été bien aise qu'il n'eût pas eu de véritable passion, et qu'il eût conservé pour elle une sorte d'attachement, qui sans avoir la violence de l'amour, en eût la complaisance et l'agrément.

Longtemps avant qu'elle fût mariée, on avait prédit que le comte de Guiche serait amoureux d'elle, et sitôt qu'il eut quitté La Vallière on commença à dire qu'il aimait Madame, et peut-être même qu'on le dit avant qu'il en eût la pensée, mais ce bruit ne fut pas désagréable à sa vanité. Et comme son inclination s'y trouva peut-être disposée, il ne prit pas de grands soins pour s'empêcher de devenir amoureux, ni pour empêcher qu'on ne le soupçonnât de l'être. On répétait alors à Fontainebleau un ballet, que le roi et Madame dansèrent, et qui fut le plus agréable qui ait jamais été, soit par le lieu où il se dansait, qui était le bord de l'étang, ou par l'invention qu'on avait trouvée, de faire venir du bout d'une allée le théâtre tout entier, chargé d'une infinité de personnes, qui s'approchaient insensiblement et qui faisaient une entrée, en dansant devant le théâtre.

Pendant la répétition de ce ballet, le comte de Guiche était très-souvent avec Madame, parce qu'il

dansait dans la même entrée ; il n'osait encore lui
rien dire de ses sentiments, mais par une certaine
familiarité qu'il avait acquise auprès d'elle, il prenait la liberté de lui demander des nouvelles de
son cœur, et si rien ne l'avait jamais touchée ; elle
lui répondait avec beaucoup de bonté et d'agrément, et il s'émancipait quelquefois à crier, en
s'enfuyant d'auprès d'elle, qu'il était en grand
péril.

Madame recevait tout cela comme des choses
galantes, sans y faire une plus grande attention :
le public y vit plus clair qu'elle-même. Le comte
de Guiche laissait voir, comme on a déjà dit, ce
qu'il avait dans le cœur, en sorte que le bruit s'en
répandit aussitôt. La grande amitié que Madame
avait pour la duchesse de Valentinois, contribua
beaucoup à faire croire qu'il y avait de l'intelligence entre eux, et l'on regardait Monsieur, qui
paraissait amoureux de $M^{me}$ de Valentinois, comme
la dupe du frère et de la sœur. Il est vrai néanmoins qu'elle se mêla très-peu de cette galanterie ;
et quoique son frère ne lui cachât point sa passion pour Madame, elle ne commença pas les liai-
sons qui ont paru depuis.

Cependant l'attachement du roi pour La Vallière
augmentait toujours ; il faisait beaucoup de progrès auprès d'elle. Ils gardaient beaucoup de mesures ; il ne la voyait pas chez Madame, et dans

6                                           c

les promenades du jour ; mais à la promenade du
soir, il sortait de la calèche de Madame, et s'allait mettre près de celle de La Vallière, dont la
portière était abattue ; et comme c'était dans l'obscurité de la nuit, il lui parlait avec beaucoup de
commodité.

La reine mère et Madame n'en furent pas moins
mal ensemble. Lorsqu'on vit que le roi n'en était
point amoureux, puisqu'il l'était de La Vallière et
que Madame ne s'opposait pas aux soins que le roi
rendait à cette fille, la reine mère en fut aigrie.
Elle tourna l'esprit de Monsieur, qui s'en aigrit et
qui prit au point d'honneur que le roi fût amoureux d'une fille de Madame. Madame, de son côté,
manquait en beaucoup de choses aux égards
qu'elle devait à la reine mère, et même à ceux
qu'elle devait à Monsieur, en sorte que l'aigreur
était grande de toutes parts.

Dans ce même temps le bruit fut grand de la
passion du comte de Guiche ; Monsieur en fut
bientôt instruit, et lui fit très-mauvaise mine. Le
comte de Guiche, soit par son naturel fier, soit
par chagrin de voir Monsieur instruit d'une chose
qu'il lui était commode qu'il ignorât, eut avec
Monsieur un éclaircissement fort audacieux, et
rompit avec lui comme s'il eût été son égal ; cela
éclata publiquement, et le comte de Guiche se
retira de la cour.

Le jour que ce bruit arriva, Madame gardait la chambre et ne voyait personne; elle ordonna qu'on laissât seulement entrer ceux qui répétaient avec elle, dont le comte de Guiche était du nombre, ne sachant point ce qui venait de se passer. Comme le roi vint chez elle, elle lui dit les ordres qu'elle avait donnés; le roi lui répondit en souriant qu'elle ne connaissait pas mal ceux qui devaient être exemptés, et lui conta ensuite ce qui venait de se passer entre Monsieur et le comte de Guiche; la chose fut sue de tout le monde, et le maréchal de Grammont, père du comte de Guiche, renvoya son fils à Paris, et lui défendit de revenir à Fontainebleau.

Pendant ce temps-là, les affaires du ministère n'étaient pas plus tranquilles que celles de l'amour; et quoique M. Fouquet, depuis la mort du cardinal, eût demandé pardon au roi de toutes les choses passées; quoique le roi le lui eût accordé, et qu'il parût l'emporter sur les autres ministres, néanmoins on travaillait fortement à sa perte, et elle était résolue.

M^me de Chevreuse, qui avait toujours conservé quelque chose de ce grand crédit qu'elle avait eu sur la reine mère, entreprit de la porter à perdre M. Fouquet.

M. de Laigue, marié en secret, à ce que l'on a cru, avec M^me de Chevreuse, était malcontent de

ce surintendant; il gouvernait M<sup>me</sup> de Chevreuse;
M. Letellier et M. Colbert se joignirent à eux; la
reine mère fit un voyage à Dampierre : et là la
perte de M. Fouquet fut conclue, et on y fit ensuite consentir le roi. On résolut d'arrêter ce
surintendant; mais les ministres craignant, quoique sans sujet, le nombre d'amis qu'il avait dans
le royaume, portèrent le roi à aller à Nantes, afin
d'être près de Belle-Isle, que M. Fouquet venait
d'acheter, et de s'en rendre maître.

Ce voyage fut longtemps résolu sans qu'on en
fît la proposition; mais enfin, sur des prétextes
qu'ils trouvèrent, on commença à en parler.
M. Fouquet, bien éloigné de penser que sa perte
fût l'objet de ce voyage, se croyait tout à fait
assuré de sa fortune; et le roi, de concert avec
les autres ministres, pour lui ôter toute sorte de
défiance, le traitait avec de si grandes distinc-
tions, que personne ne doutait qu'il ne gouvernât.

Il y avait longtemps que le roi avait dit qu'il
voulait aller à Vaux, maison superbe de ce surintendant; et quoique la prudence dût l'empêcher
de faire voir au roi une chose qui marquait si fort
le mauvais usage des finances, et qu'aussi la
bonté du roi dût le retenir d'aller chez un homme
qu'il allait perdre, néanmoins ni l'un ni l'autre
n'y firent aucune réflexion.

Toute la cour alla à Vaux, et M. Fouquet joi-

gnit à la magnificence de sa maison toute celle
qui peut être imaginée pour la beauté des divertissements et la grandeur de la réception. Le roi, en
arrivant, en fut étonné, et M. Fouquet le fut de
remarquer que le roi l'était; néanmoins ils se re-
mirent l'un et l'autre. La fête fut la plus complète
qui ait jamais été. Le roi était alors dans la première ardeur de la possession de La Vallière; l'on
a cru que ce fut là qu'il la vit pour la première
fois en particulier, mais il y avait déjà quelque
temps qu'il la voyait dans la chambre du comte
de Saint-Aignan, qui était le confident de cette
intrigue.

Peu de jours après la fête de Vaux on partit
pour Nantes; et ce voyage, auquel on ne voyait
aucune nécessité, paraissait la fantaisie d'un jeune
roi.

M. Fouquet, quoique avec la fièvre quarte, suivit
la cour, et fut arrêté à Nantes; ce changement
surprit le monde, comme on peut se l'imaginer,
et étourdit tellement les parents et les amis de
M. Fouquet, qu'ils ne songèrent pas à mettre à
couvert ses papiers, quoiqu'ils en eussent eu le
loisir. On le prit dans sa maison sans aucune for-
malité; on l'envoya à Angers, et le roi revint à
Fontainebleau.

Tous les amis de M. Fouquet furent chassés et
éloignés des affaires. Le conseil des trois autres

ministres[1] se forma entièrement. M. Colbert eut
les finances, quoique l'on en donnât quelque apparence au maréchal de Villeroi; et M. Colbert
commença à prendre auprès du roi ce crédit qui
le rendit depuis le premier homme de l'État.

On trouva dans les cassettes de M. Fouquet
plus de lettres de galanterie que de papiers d'importance; et comme il s'y en rencontra de quelques femmes qu'on n'avait jamais soupçonnées
d'avoir de commerce avec lui, ce fondement donna
lieu de dire qu'il y en avait de toutes les plus honnêtes femmes de France; la seule qui fut convaincue, ce fut Mesneville, une des filles de la reine,
que le duc de Damville avait voulu épouser; elle
fut chassée et se retira dans un couvent.

## III.

Le comte de Guiche n'avait point suivi le roi au
voyage de Nantes; avant qu'on partît pour y aller,
Madame avait appris de certains discours qu'il
avait tenus à Paris, et qui semblaient vouloir persuader au public que l'on ne se trompait pas de le
croire amoureux d'elle. Cela lui avait déplu, d'autant plus que M^me de Valentinois, qu'il avait priée
de parler à Madame en sa faveur, bien loin de le

1. De Lionne, Letellier, Colbert.

faire, lui avait toujours dit que son frère ne pensait pas à lever les yeux jusqu'à elle, et qu'elle la
priait de ne point ajouter foi à tout ce que des
gens qui voudraient s'entremettre, pourraient lui
dire de sa part : ainsi Madame ne trouva qu'une
vanité offensante pour elle, dans les discours du
comte de Guiche : quoiqu'elle fût fort jeune, et
que son peu d'expérience augmentât les défauts
qui suivent la jeunesse, elle résolut de prier le roi
d'ordonner au comte de Guiche de ne le point
suivre à Nantes ; mais la reine mère avait déjà
prévenu cette prière, ainsi la sienne ne parut pas.

M^{me} de Valentinois partit, pendant le voyage de
Nantes, pour aller à Monaco ; Monsieur était toujours amoureux d'elle, c'est-à-dire autant qu'il
pouvait l'être; elle était adorée dès son enfance
par Pequilin [1], cadet de la maison de Lauzun; la
parenté qui était entre eux lui avait donné une familiarité entière dans l'hôtel de Grammont, de
sorte que s'étant trouvés tous deux très-propres à
avoir de violentes passions, rien n'était comparable
à celle qu'ils avaient eue l'un pour l'autre. Elle avait
été mariée depuis un an, contre son gré, au prince
de Monaco ; mais comme son mari n'était pas assez
aimable pour lui faire rompre avec son amant, elle
l'aimait toujours passionnément; ainsi elle le quittait

_____

1. Depuis duc de Lauzun.

avec une douleur sensible, et lui pour la voir encore, la suivait déguisé, tantôt en marchand, tantôt
en postillon, enfin de toutes les manières qui le
pouvaient rendre méconnaissable à ceux qui étaient
à elle. En partant elle voulut engager Monsieur à
ne point croire tout ce qu'on lui dirait de son
frère, au sujet de Madame, et elle voulut qu'il lui
promît qu'il ne le chasserait point de la cour.
Monsieur qui avait déjà de la jalousie du comte de
Guiche, et qui ressentait l'aigreur qu'on a pour
ceux qu'on a fort aimés et dont on croit avoir
sujet de se plaindre, ne parut pas disposé à accor-
der ce qu'elle lui demanda; elle s'en fâcha, et ils
se séparèrent mal.

La comtesse de Soissons, que le roi avait aimée,
et qui aimait alors le marquis de Vardes, ne laissait pas d'avoir beaucoup de chagrin : le grand
attachement que le roi prenait pour La Vallière en
était cause, et d'autant plus que cette jeune personne, se gouvernant entièrement par les sentiments du roi, ne rendait compte ni à Madame ni
à la comtesse de Soissons des choses qui se passaient entre le roi et elle; ainsi la comtesse de
Soissons, qui avait toujours vu le roi chercher les
plaisirs chez elle, voyait bien que cette galanterie
l'en allait éloigner. Cela ne la rendit pas favorable
à La Vallière : elle s'en aperçut, et la jalousie
qu'on a d'ordinaire de celles qui ont été aimées

de ceux qui nous aiment, se joignant au ressentiment des mauvais offices qu'elle lui rendait, lui donna une haine fort vive pour la comtesse de Soissons.

Quoique le roi désirât que La Vallière n'eût pas de confidente, il était impossible qu'une jeune personne d'une capacité médiocre, pût contenir en elle-même une aussi grande affaire que celle d'être aimée du roi.

Madame avait une fille appelée Montalais. C'était une personne qui avait naturellement beaucoup d'esprit, mais un esprit d'intrigue et d'insinuation. Et il s'en fallait beaucoup que le bon sens et la raison réglassent sa conduite. Elle n'avait jamais vu de cour que celle de Madame douairière à Blois, dont elle avait été fille d'honneur; ce peu d'expérience du monde et beaucoup de galanterie la rendaient toute propre à devenir confidente. Elle l'avait déjà été de La Vallière, pendant qu'elle était à Blois, où un nommé Bragelonne en avait été amoureux; il y avait eu quelques lettres, M<sup>me</sup> de Saint-Remi s'en était aperçue : enfin ce n'était pas une chose qui eût été loin, cependant le roi en prit de grandes jalousies.

La Vallière trouvant donc dans la même chambre où elle était une fille à qui elle s'était déjà fiée, s'y fia encore entièrement; et comme Montalais avait beaucoup plus d'esprit qu'elle, elle y trouva un grand plaisir et un grand soulagement. Montalais ne se contenta pas de cette confidence de La Vallière, elle voulut encore avoir celle de Madame. Il lui parut que cette princesse n'avait pas d'aversion pour le comte de Guiche; et lorsque le comte de Guiche revint à Fontainebleau, après le voyage de Nantes, elle lui parla et le tourna de tant de côtés, qu'elle lui fit avouer qu'il était amoureux de Madame. Elle lui promit de le servir, et ne le fit que trop bien.

La reine accoucha de M^{gr} le dauphin, le jour de la Toussaint 1661. Madame avait passé tout le jour auprès d'elle, et comme elle était grosse et fatiguée, elle se retira dans sa chambre, où personne ne la suivit, parce que tout le monde était encore chez la reine. Montalais se mit à genoux devant Madame et commença à lui parler de la passion du comte de Guiche. Ces sortes de discours naturellement ne déplaisent pas assez aux jeunes personnes pour leur donner la force de les repousser; et de plus Madame avait une timidité à parler qui fit que moitié embarras moitié condescendance, elle laissa prendre des espérances à Montalais. Dès le lendemain, elle apporta à Madame une lettre du comte de Guiche; Madame ne voulut point la lire, Montalais l'ouvrit et la lut. Quelques jours après, Madame se trouva mal; elle revint à Paris en litière, et comme elle y montait, Montalais lui jeta un volume de lettres du comte de Guiche; Madame les lut pendant le chemin, et avoua après à Montalais qu'elle les avait lues : enfin la jeunesse de Madame, l'agrément du comte de Guiche, mais surtout les soins de Montalais engagèrent cette princesse dans une galanterie qui ne lui a donné que des chagrins considérables. Monsieur avait toujours de la jalousie du comte de Guiche, qui néanmoins ne laissait pas d'aller aux Tuileries, où Madame logeait encore. Elle était considérablement malade. Il lui écrivait trois ou quatre fois par jour; Madame ne lisait pas ses lettres la plupart du temps et les laissait toutes à Montalais, sans lui demander même ce qu'elle en faisait; Montalais n'osait les garder dans sa chambre, elle les remettait entre les mains d'un amant qu'elle avait alors, nommé Malicorne.

Le roi était venu à Paris peu de temps après Madame; il voyait toujours La Vallière chez elle, il y venait le soir et l'allait entretenir dans un cabinet. Toutes les portes à la vérité étaient ouvertes, mais on était plus éloigné d'y entrer que si elles avaient été fermées avec de l'airain.

Il se lassa néanmoins de cette contrainte; et quoique la reine sa mère, pour qui il avait encore de la crainte, le tourmentât incessamment sur La Vallière, elle feignit d'être malade et il l'alla voir dans sa chambre.

La jeune reine ne savait point de qui le roi
était amoureux; elle devinait pourtant bien qu'il
l'était; et ne sachant où placer sa jalousie, elle la
mettait sur Madame.

Le roi se douta de la confiance que La Vallière
prenait en Montalais : l'esprit d'intrigue de cette
fille lui déplaisait; il défendit à La Vallière de lui
parler. Elle lui obéissait en public, mais Montalais
passait les nuits entières avec elle, et bien souvent le jour elle s'y trouvait encore.

Madame, qui était malade et qui ne dormait
point, l'envoyait quelquefois querir, sous prétexte de lui venir lire quelque livre. Lorsqu'elle
quittait Madame , c'était pour aller écrire au
comte de Guiche, à quoi elle ne manquait pas
trois fois par jour, et de plus à Malicorne, à qui
elle rendait compte de l'affaire de Madame, et de
celle de La Vallière : elle avait encore la confidence
de M^{lle} de Tonnay-Charente, qui aimait le marquis de Marmoutiers, et qui souhaitait fort de
l'épouser. Une seule de ces confidences eût pu
occuper une personne entière, et Montalais seule
suffisait à toutes.

Le comte de Guiche et elle se mirent dans l'esprit qu'il fallait qu'il vît Madame en particulier.
Madame, qui avait de la timidité pour parler sérieusement, n'en avait point pour ces sortes de
choses. Elle n'en voyait point les conséquences;

elle y trouvait de la plaisanterie de roman. Montalais lui trouvait des facilités qui ne pouvaient
être imaginées par une autre. Le comte de Guiche, qui était jeune et hardi, ne trouvait rien de
plus beau que de tout hasarder ; et Madame et lui,
sans avoir de véritable passion l'un pour l'autre,
s'exposèrent au plus grand danger où l'on se soit
jamais exposé. Madame était malade, et environ-
née de toutes ces femmes qui ont accoutumé
d'être auprès d'une personne de son rang, sans
se fier à pas une. Elle faisait entrer le comte de
Guiche, quelquefois en plein jour, déguisé en
femme qui dit la bonne aventure ; et il la disait
même aux femmes de Madame, qui le voyaient
tous les jours, et qui ne le connaissaient pas ;
d'autres fois par d'autres inventions, mais toujours
avec beaucoup de hasards ; et ces entrevues si pé-
rilleuses se passaient à se moquer de Monsieur et
à d'autres plaisanteries semblables ; enfin à des
choses fort éloignées de la violente passion qui
semblait les faire entreprendre. Dans ce temps-là
on dit un jour dans un lieu où était le comte de
Guiche, avec Vardes, que Madame était plus mal
qu'on ne pensait, et que les médecins croyaient
qu'elle ne guérirait pas de sa maladie. Le comte
de Guiche en parut fort troublé ; Vardes l'em-
mena et lui aida à cacher son trouble. Le comte
de Guiche lui avoua l'état où il était avec Ma-

dame, et l'engagea dans sa confidence ; Madame
désapprouva fort ce qu'avait fait le comte de Guiche ; elle voulut l'obliger à rompre avec Vardes ;
il lui dit qu'il se battrait avec lui pour la satis-
faire, mais qu'il ne pouvait rompre avec son ami.

Montalais, qui voulait donner un air d'importance à cette galanterie, et qui croyait qu'en met-
tant bien des gens dans cette confidence elle
composerait une intrigue qui gouvernerait l'État,
voulut engager La Vallière dans les intérêts de
Madame : elle lui conta tout ce qui se passait au
sujet du comte de Guiche, et lui fit promettre
qu'elle n'en dirait rien au roi. En effet, La Vallière, qui avait mille fois promis au roi de ne lui
jamais rien cacher, garda à Montalais la fidélité
qu'elle lui avait promise.

Madame ne savait point que La Vallière sût ses
affaires ; mais elle savait celles de La Vallière par
Montalais. Le public entrevoyait quelque chose de
la galanterie de Madame et du comte de Guiche.
Le roi en faisait de petites questions à Madame ;
mais il était bien éloigné d'en savoir le fond. Je
ne sais si ce fut sur ce sujet, ou sur quelque
autre, qu'il tint de certains discours à La Vallière,
qui lui firent juger que le roi savait qu'elle lui
faisait finesse de quelque chose ; elle se troubla,
et lui fit connaître qu'elle lui cachait des choses
considérables. Le roi se mit dans une colère

épouvantable; elle ne lui avoua point ce que c'était, le roi se retira au désespoir contre elle. Ils étaient convenus plusieurs fois, que quelques brouilleries qu'ils eussent ensemble, ils ne s'endormiraient jamais sans se raccommoder et sans s'écrire. La nuit se passa sans qu'elle eût de nouvelles du roi, et se croyant perdue, la tête lui tourna; elle sortit le matin des Tuileries, et s'en alla, comme une insensée, dans un petit couvent obscur, qui était à Chaillot.

Le matin on alla avertir le roi qu'on ne savait pas où était La Vallière. Le roi qui l'aimait passionnément fut extrêmement troublé; il vint aux Tuileries, pour savoir de Madame où elle était; Madame n'en savait rien, et ne savait pas même le sujet qui l'avait fait partir.

Montalais était hors d'elle-même de ce qu'elle lui avait seulement dit qu'elle était désespérée, parce qu'elle était perdue à cause d'elle.

Le roi fit si bien qu'il sut où était La Vallière; il y alla à toute bride lui quatrième. Il la trouva dans le parloir du dehors de ce couvent; on ne l'avait pas voulu recevoir au dedans : elle était couchée à terre, éplorée et hors d'elle-même.

Le roi demeura seul avec elle : et dans une longue conversation, elle lui avoua tout ce qu'elle lui avait caché; cet aveu n'obtint pas son pardon. Le roi lui dit seulement tout ce qu'il fallait dire pour l'obliger à revenir, et envoya chercher un carrosse pour la ramener.

Cependant il vint à Paris pour obliger Monsieur à la recevoir; il avait déclaré tout haut qu'il était bien aise qu'elle fût hors de chez lui, et qu'il ne la reprendrait point. Le roi entra par un petit degré aux Tuileries et alla dans un petit cabinet, où il fit venir Madame, ne voulant pas se laisser voir, parce qu'il avait pleuré. Là il pria Madame de reprendre La Vallière, et lui dit tout ce qu'il venait d'apprendre d'elle et de ses affaires. Madame en fut étonnée, comme on se le peut imaginer, mais elle ne put rien nier; elle promit au roi de rompre avec le comte de Guiche, et consentit à recevoir La Vallière.

Le roi eut assez de peine à l'obtenir de Madame, mais il la pria tant les larmes aux yeux, qu'enfin il en vint à bout. La Vallière revint dans sa chambre, mais elle fut longtemps à revenir dans l'esprit du roi; il ne pouvait se consoler qu'elle eût été capable de lui cacher quelque chose, et elle ne pouvait supporter d'être moins bien avec lui; en sorte qu'elle eut pendant quelque temps l'esprit comme égaré.

Enfin le roi lui pardonna, et Montalais fit si bien, qu'elle entra dans la confidence du roi; il la questionna plusieurs fois sur l'affaire de Bragelonne dont il savait qu'elle avait connaissance; et comme

Montalais savait mieux mentir que La Vallière,
il avait l'esprit en repos lorsqu'elle lui avait parlé.
Il avait néanmoins l'esprit extrêmement blessé
sur la crainte qu'il n'eût pas été le premier que
La Vallière eût aimé ; il craignait même qu'elle
n'aimât encore Bragelonne.

Enfin il avait toutes les inquiétudes et les déli-
catesses d'un homme bien amoureux ; et il est
certain qu'il l'était fort, quoique la règle qu'il a
naturellement dans l'esprit, et la crainte qu'il avait
encore de la reine sa mère, l'empêchassent de faire
certaines choses emportées, que d'autres seraient
capables de faire. Il est vrai aussi que le peu d'esprit de La Vallière empêchait cette maîtresse du roi
de se servir des avantages et du crédit dont une si
grande passion aurait fait profiter une autre ; elle
ne songeait qu'à être aimée du roi et à l'aimer ;
elle avait beaucoup de jalousie de la comtesse de
Soissons, chez qui le roi allait tous les jours,
quoiqu'elle fît tous ses efforts pour l'en empêcher.

La comtesse de Soissons ne doutait pas de la
haine que La Vallière avait pour elle ; et ennuyée
de voir le roi entre ses mains, le marquis de
Vardes et elle résolurent de faire savoir à la reine
que le roi en était amoureux ; ils crurent que la
reine sachant cet amour, et appuyée par la reine
mère, obligerait Monsieur et Madame à chasser La
Vallière des Tuileries, et que le roi ne sachant où

la mettre, la mettrait chez la comtesse de Soissons, qui par là s'en trouverait la maîtresse : et
ils espéraient encore que le chagrin que témoi-
gnerait la reine, obligerait le roi à rompre avec
La Vallière, et que lorsqu'il l'aurait quittée, il s'at-
tacherait à quelque autre, dont ils seraient peut-
être les maîtres. Enfin ces chimères, ou d'autres
pareilles, leur firent prendre la plus folle résolution et la plus hasardeuse qui ait jamais
été prise. Ils écrivirent une lettre à la reine,
où ils l'instruisaient de tout ce qui se passait. La comtesse de Soissons ramassa dans la
chambre de la reine un dessus de lettre du roi
son père : Vardes confia ce secret au comte de
Guiche, afin que comme il savait l'espagnol, il
mît la lettre en cette langue; le comte de Guiche
par complaisance pour son ami, et par haine
pour La Vallière, entra fortement dans ce beau
dessein.

Ils mirent la lettre en espagnol; ils la firent
écrire par un homme qui s'en allait en Flandre,
et qui ne devait point revenir ; ce même homme
l'alla porter au Louvre, à un huissier, pour la
donner à la señora Molinière, première femme
de chambre de la reine, comme une lettre d'Espagne; la Molinière trouva quelque chose d'extraordinaire à la manière dont cette lettre lui étai
venue; elle trouva de la différence dans la façoı

dont elle était pliée : enfin par instinct plutôt que par raison, elle ouvrit cette lettre, et après l'avoir lue, elle l'alla porter au roi.

Quoique le comte de Guiche eût promis à Vardes de ne rien dire à Madame de cette lettre, il ne laissa pas que de lui en parler ; et Madame, malgré sa promesse, ne laissa pas de le dire à Montalais, mais ce ne fut de longtemps. Le roi fut dans une colère qui ne se peut représenter ; il parla à tous ceux qu'il crut pouvoir lui donner quelque connaissance de cette affaire, et même il s'adressa à Vardes, comme à un homme d'esprit et à qui il se fiait. Vardes fut assez embarrassé de la commission que le roi lui donnait ; cependant il trouva le moyen de faire tomber le soupçon sur Mme de Navailles [1], et le roi le crut si bien que cela eut grande part aux disgrâces qui lui arrivèrent depuis.

Cependant Madame voulait tenir la parole qu'elle avait donnée au roi, de rompre avec le comte de Guiche ; et Montalais s'était aussi engagée auprès du roi de ne plus se mêler de ce commerce. Néanmoins avant que de commencer cette rupture, elle avait donné au comte de Guiche les moyens de voir Madame, pour trouver ensemble, disait elle, ceux de ne se plus voir. Ce n'est guère

1. Dame d'honneur de la jeune reine.

en présence que les gens qui s'aiment trouvent
ces sortes d'expédients; aussi cette conversation
ne fit pas un grand effet, quoiqu'elle suspendît
pour quelque temps le commerce des lettres.
Montalais promit encore au roi de ne plus servir
le comte de Guiche, pourvu qu'il ne le chassât
point de la cour, et Madame demanda au roi la
même chose.

Vardes, qui était pour lors absolument dans la
confidence de Madame, qui la voyait fort aimable
et pleine d'esprit, soit par un sentiment d'amour,
soit par un sentiment d'ambition et d'intrigue,
voulut être seul maître de son esprit, et résolut de faire éloigner le comte de Guiche; il
savait ce que Madame avait promis au roi, mais
il voyait que toutes les promesses seraient mal ob-
servées.

Il alla trouver le maréchal de Grammont; il lui
dit une partie des choses qui se passaient, il lui fit
voir le péril où s'exposait son fils, et lui conseilla
de l'éloigner, et de demander au roi qu'il allât
commander les troupes qui étaient alors à Nancy.

Le maréchal de Grammont, qui aimait son fils
passionnément, suivit les sentiments de Vardes,
et demanda ce commandement au roi. Et comme
c'était une chose avantageuse pour son fils, le roi
ne douta point que le comte de Guiche ne la sou-
haitât, et la lui accorda.

Madame ne savait rien de ce qui se passait; Vardes ne lui avait rien dit de ce qu'il avait fait, non plus qu'au comte de Guiche, et on ne l'a su que depuis. Madame était allée loger au Palais-Royal, où elle avait fait ses couches; tout le monde la voyait, et des femmes de la ville, peu instruites de l'intérêt qu'elle prenait au comte de Guiche, dirent dans la ville, comme une chose indifférente, qu'il avait demandé le commandement des troupes de Lorraine et qu'il partait dans peu de jours.

Madame fut extrêmement surprise de cette nouvelle; le soir le roi la vint voir. Elle lui en parla, et il lui dit qu'il était véritable que le maréchal de Grammont lui avait demandé ce commandement, comme une chose que son fils souhaitait fort, et que le comte de Guiche l'en avait remercié.

Madame se trouva fort offensée que le comte de Guiche eût pris sans sa participation le dessein de s'éloigner d'elle; elle le dit à Montalais, et lui ordonna de le voir. Elle le vit, et le comte de Guiche, désespéré de s'en aller, et de voir Madame mal satisfaite de lui, lui écrivit une lettre, par laquelle il lui offrit de soutenir au roi qu'il n'avait point demandé l'emploi de Lorraine, et en même temps de le refuser.

Madame ne fut pas d'abord satisfaite de cette lettre. Le comte de Guiche, qui était fort emporté, dit qu'il ne partirait point, et qu'il allait remettre le commandement au roi. Vardes eut peur qu'il ne fût assez fou pour le faire; il ne voulait pas le perdre, quoiqu'il voulût l'éloigner : il le laissa en garde à la comtesse de Soissons, qui entra dès ce jour dans cette confidence, et vint trouver Madame pour qu'elle écrivît au comte de Guiche, qu'elle voulait qu'il partît. Elle fut touchée de tous les sentiments du comte de Guiche, où il y avait en effet de la hauteur et de l'amour; elle fit ce que Vardes voulait, et le comte de Guiche résolut de partir à condition qu'il verrait Madame.

Montalais qui se croyait quitte de sa parole envers le roi, puisqu'il chassait le comte de Guiche, se chargea de cette entrevue, et Monsieur devant venir au Louvre, elle fit entrer le comte de Guiche sur le midi, par un escalier dérobé, et l'enferma dans un oratoire. Lorsque Madame eut dîné, elle fit semblant de vouloir dormir, et passa dans une galerie, où le comte de Guiche lui dit adieu. Comme ils y étaient ensemble, Monsieur revint; tout ce qu'on put faire, fut de cacher le comte de Guiche dans une cheminée, où il demeura longtemps sans pouvoir sortir. Enfin Montalais l'en tira, et crut avoir sauvé tous les périls de cette entrevue; mais elle se trompait infiniment.

Une de ses compagnes, nommée Artigni, dont la vie n'avait pas été bien exemplaire, la haïssait fort. Cette fille avait été mise dans la chambre, par M^me de La Bazinière, autrefois Chémerault, à qui le temps n'avait pas ôté l'esprit d'intrigue, et elle avait grand pouvoir sur l'esprit de Monsieur. Cette fille, qui épiait Montalais, et qui était jalouse de la faveur dont elle jouissait auprès de Madame, soupçonna qu'elle menait quelque intrigue. Elle le découvrit à M^me de La Bazinière, qui la fortifia dans le dessein et dans le moyen de la découvrir. Elle lui joignit, pour espion, une appelée Merlot, et l'une et l'autre firent si bien, qu'elles virent entrer le comte de Guiche dans l'appartement de Madame.

M^me de La Bazinière en avertit la reine mère par Artigni, et la reine mère, par une conduite qui ne se peut pardonner à une personne de sa vertu et de sa bonté, voulut que M^me de La Bazinière en avertît Monsieur. Ainsi l'on dit à ce prince ce que l'on aurait caché à tout autre mari.

Il résolut, avec la reine sa mère, de chasser Montalais, sans en avertir Madame ni même le roi, de peur qu'il ne s'y opposât parce qu'elle était alors fort bien avec lui. Sans considérer que ce bruit allait faire découvrir ce que peu de gens savaient, ils résolurent seulement de chasser encore une autre fille de Madame, dont la conduite personnelle n'était pas trop bonne.

Ainsi, un matin, la maréchale du Plessis, par ordre de Monsieur, vint dire à ces deux filles que Monsieur leur ordonnait de se retirer, et à l'heure même, on les fit mettre dans un carrosse. Montalais dit à la maréchale du Plessis qu'elle la conjurait de lui faire rendre ses cassettes, parce que si Monsieur les voyait, Madame était perdue. La maréchale en alla demander la permission à Monsieur, sans néanmoins lui en dire la cause. Monsieur, par une bonté incroyable en un homme jaloux, laissa emporter les cassettes, et la maréchale du Plessis ne songea point à s'en rendre maîtresse pour les rendre à Madame. Ainsi, elles furent remises entre les mains de Montalais, qui se retira chez sa sœur. Quand Madame s'éveilla, Monsieur entra dans sa chambre, et lui dit qu'il avait fait chasser ses deux filles : elle en demeura fort étonnée, et il se retira sans lui en dire davantage. Un moment après le roi lui envoya dire qu'il n'avait rien su de ce qu'on avait fait, et qu'il la viendrait voir le plus tôt qu'il lui serait possible.

Monsieur alla faire ses plaintes et conter ses douleurs à la reine d'Angleterre, qui logeait alors au Palais-Royal; elle vint trouver Madame, et la gronda un peu, et lui dit tout ce que Monsieur savait de certitude, afin qu'elle lui avouât la même chose, et qu'elle ne lui en dît pas davantage.

Monsieur et Madame eurent un grand éclaircissement ensemble; Madame lui avoua qu'elle avait vu le comte de Guiche, mais que c'était la première fois, et qu'il ne lui avait écrit que trois ou quatre fois.

Monsieur trouva un si grand air d'autorité à se faire avouer par Madame les choses qu'il savait déjà, qu'il lui en adoucit toute l'amertume; il l'embrassa et ne conserva que de légers chagrins. Ils auraient sans doute été plus violents à tout autre qu'à lui, mais il ne pensa point à se venger du comte de Guiche, et, quoique l'éclat que cette affaire fit dans le monde, semblât par honneur l'y devoir obliger, il n'en témoigna aucun ressentiment; il tourna tous ses soins à empêcher que Madame n'eût de commerce avec Montalais, et comme elle en avait un très-grand avec La Vallière, il obtint du roi que La Vallière n'en aurait plus. En effet, elle en eut très-peu, et Montalais se mit dans un couvent.

Madame promit, comme on le peut juger, de rompre toute sorte de liaison avec le comte de Guiche, et le promit même au roi; mais elle ne lui tint pas parole. Vardes demeura le confident, au hasard même d'être brouillé avec le roi; mais comme il avait fait confidence au comte de Guiche de l'affaire d'Espagne, cela faisait une telle liaison entre eux, qu'ils ne pouvaient rompre sans folie. Il sut alors que Montalais était instruite de la lettre d'Espagne, et cela lui donnait des égards pour elle, dont le public ne pouvait deviner la cause, outre qu'il était bien aise de se faire un mérite auprès de Madame, de gouverner une personne qui avait tant de part à ses affaires.

Montalais ne laissait pas d'avoir quelque commerce avec La Vallière, et, de concert avec Vardes, elle lui écrivit deux grandes lettres, par lesquelles elle lui donnait des avis pour sa conduite, et lui disait tout ce qu'elle devait dire au roi. Le roi en fut dans une colère étrange, et envoya prendre Montalais par un exempt, avec ordre de la conduire à Fontevrault, et de ne la laisser parler à personne. Elle fut si heureuse qu'elle sauva encore ses cassettes, et les laissa entre les mains de Malicorne, qui était toujours son amant.

La cour fut à Saint-Germain. Vardes avait un grand commerce avec Madame; car celui qu'il avait avec la comtesse de Soissons, qui n'avait aucune beauté, ne le pouvait détacher des charmes de Madame. Sitôt qu'on fut à Saint-Germain, la comtesse de Soissons, qui n'aspirait qu'à ôter à La Vallière la place qu'elle occupait, songea à engager le roi avec La Mothe-Houdancourt, fille de la

reine. Elle avait déjà eu cette pensée avant que
l'on partît de Paris, et peut-être même que l'espérance que le roi viendrait à elle s'il quittait
La Vallière, était une des raisons qui l'avaient engagée à écrire la lettre d'Espagne. Elle persuada
au roi que cette fille avait pour lui une passion
extraordinaire; et le roi, quoiqu'il aimât avec
passion La Vallière, ne laissa pas d'entrer en commerce avec La Mothe; mais il engagea la comtesse
de Soissons à n'en rien dire à Vardes, et en cette
occasion, la comtesse de Soissons préféra le roi à
son amant, et lui tut ce commerce.

Le chevalier de Grammont était amoureux de
La Mothe. Il démêla quelque chose de ce qui
s'était passé, et épia le roi avec tant de soin, qu'il
découvrit que le roi allait dans la chambre des
filles.

Mme de Navailles, qui était alors dame d'honneur, découvrit aussi ce commerce. Elle fit murer
des portes et griller des fenêtres; la chose fut sue;
le roi chassa le chevalier de Grammont, qui fut
plusieurs années sans avoir permission de revenir
en France.

Vardes aperçut, par l'éclat de cette affaire, la
finesse qui lui avait été faite par la comtesse de
Soissons, et en fut dans un désespoir si violent,
que tous ses amis, qui l'avaient cru jusqu'alors
incapable de passion, ne doutèrent pas qu'il n'en

eût une très-vive pour elle. Ils pensèrent rompre ensemble; mais le comte de Soissons qui ne soupçonnait rien au delà de l'amitié entre Vardes et sa femme, prit le soin de les raccommoder. La Vallière eut des jalousies et des désespoirs inconcevables; mais le roi qui était animé par la résistance de La Mothe, ne laissait pas de la voir toujours. La reine mère le détrompa de l'opinion qu'il avait de la passion prétendue de cette fille; elle sut par quelqu'un cette intelligence, et que c'était le marquis d'Alluye et Fouilloux, amis intimes de la comtesse de Soissons, qui faisaient les lettres que La Mothe écrivait au roi; et elle sut, à point nommé, qu'elle lui en devait écrire une, qui avait été concertée entre eux, pour lui demander l'éloignement de La Vallière.

Elle en dit les propres termes au roi, pour lui faire voir qu'il était dupé par la comtesse de Soissons; et le soir même, comme elle donna la lettre au roi, y trouvant ce qu'on avait dit, il brûla la lettre, rompit avec La Mothe, demanda pardon à La Vallière, et lui avoua tout; en sorte que depuis ce temps-là, La Vallière n'en eut aucune inquiétude; et La Mothe s'est piquée depuis d'avoir une passion pour le roi, qui l'a rendue une vestale pour tous les autres hommes.

L'aventure de La Mothe fut ce qui se passa de plus considérable à Saint-Germain : Vardes pa-

raissait déjà amoureux de Madame aux ycux de
.ceux qui les avaient bons; mais Monsieur n'en
avait aucune jalousie, et au contraire était fort
aise que Madame eût de la confiance en lui.

La reine mère n'en était pas de même; elle
haïssait Vardes, et ne voulait pas qu'il se rendît
maître de l'esprit de Madame.

On revint à Paris. La Vallière était toujours au
Palais-Royal; mais elle ne suivait point Madame,
et même elle ne la voyait que rarement. Artigni,
quoique ennemie de Montalais, prit sa place auprès de La Vallière; elle avait toute sa confiance,
et était tous les jours entre le roi et elle.

Montalais supportait impatiemment la prospé-
rité de son ennemie, et ne respirait que les occasions de s'en venger, et de venger en même temps
Madame de l'insolence qu'Artigni avait eue de
découvrir ce qui la regardait.

Lorsque Artigni vint à la cour, elle y arriva
grosse, et sa grossesse était déjà si avancée, que
le roi, qui n'en avait point ouï parler, s'en aperçut, et le dit en même temps; sa mère la vint
querir sous prétexte qu'elle était malade. Cette
aventure n'aurait pas fait beaucoup de bruit, mais
Montalais fit si bien qu'elle trouva le moyen d'a-
voir des lettres qu'Artigni avait écrites pendant sa
grossesse au père de l'enfant, et remit ces lettres
entre les mains de Madame; de sorte que Madame,

ayant un si juste sujet de chasser une personne
dont elle avait tant de raison de se plaindre, déclara qu'elle voulait chasser Artigni, et en dit
toutes les raisons. Artigni eut recours à La Vallière. Le roi à sa prière voulut empêcher Madame
de la chasser; cette affaire fit beaucoup de bruit,
et causa même de la brouillerie entre le roi et
elle. Les lettres furent remises entre les mains de
M^me de Montausier [1] et de Saint-Chaumont, pour
vérifier l'écriture; mais enfin Vardes, qui voulait
faire des choses agréables au roi, afin qu'il ne
trouvât pas à redire au commerce qu'il avait avec
Madame, se fit fort d'engager Madame à garder
Artigni; et comme Madame était fort jeune, qu'il
était fort habile et qu'il avait un grand crédit sur
son esprit, il l'y obligea effectivement.

Artigni avoua au roi la vérité de son aventure.
Le roi fut touché de sa confiance, il profita depuis
des bonnes dispositions qu'elle lui avait avouées;
et quoique ce fût une personne d'un très-médiocre
mérite, il l'a toujours bien traitée depuis, et a fait
sa fortune comme nous le dirons ci-après.

Madame et le roi se raccommodèrent. On dansa
pendant l'hiver un joli ballet. La reine ignorait toujours que le roi fût amoureux de La Vallière, et croyait que c'était de Madame.

_____

1. Dame d'honneur de la reine.

Monsieur était extrèmement jaloux du prince de Marsillac, aîné du duc de La Rochefoucauld, et il l'était d'autant plus qu'il avait pour lui une inclination naturelle, qui lui faisait croire que tout le monde devait l'aimer.

Marsillac en effet était amoureux de Madame; il ne le lui faisait paraître que par ses yeux, ou par quelques paroles jetées en l'air qu'elle seule pouvait entendre. Elle ne répondait point à sa passion, elle était fort occupée de l'amitié que Vardes avait pour elle, qui tenait plus de l'amour que de l'amitié; mais comme il était embarrassé de ce qu'il devait au duc de Guiche et qu'il était partagé par l'engagement qu'il avait avec la comtesse de Soissons, il était fort incertain de ce qu'il devait faire, et ne savait s'il devait s'engager entièrement avec Madame, ou demeurer seulement son ami.

Monsieur fut si jaloux de Marsillac qu'il l'obligea de s'en aller chez lui. Dans le temps qu'il partit, il arriva une aventure qui fit beaucoup d'éclat, et dont la vérité fut cachée pendant quelque temps.

Au commencement du printemps le roi alla passer quelques jours à Versailles. La rougeole le prit, dont il fut si mal qu'il pensa aux ordres qu'il devait donner à l'État, et il résolut de mettre monseigneur le dauphin entre les mains du prince de

Conti, que la dévotion avait rendu un des plus honnêtes hommes de France. Cette maladie ne fut dangereuse que pendant vingt-quatre heures ; mais quoiqu'elle le fût pour ceux qui la pouvaient prendre, tout le monde ne laissa pas d'y aller.

M. le duc y fut, et prit la rougeole ; Madame y alla aussi quoiqu'elle la craignît beaucoup : ce fut là que Vardes, pour la première fois, lui parla assez clairement de la passion qu'il avait pour elle. Madame ne le rebuta pas entièrement : il est difficile de maltraiter un confident aimable quand l'amant est absent.

M$^{me}$ de Châtillon, qui approchait alors Madame de plus près qu'aucune autre, s'était aperçue de l'inclination que Vardes avait pour elle ; et quoiqu'ils eussent été brouillés ensemble après avoir été fort bien, elle se raccommoda avec lui, moitié pour entrer dans la confidence de Madame, moitié pour le plaisir de voir souvent un homme qui lui plaisait fort.

Le comte du Plessis, premier gentilhomme de la chambre de Monsieur, par une complaisance extraordinaire pour Madame, avait toujours été porteur des lettres qu'elle écrivait à Vardes, et de celles que Vardes lui écrivait ; et quoiqu'il dût bien juger que ce commerce regardait le duc de Guiche, et ensuite Vardes même, il ne laissa pas de continuer.

Cependant Montalais était toujours comme pri-
sonnière à Fontevrault. Malicorne, et un appelé
Corbinelli, qui était un garçon d'esprit et de mérite, et qui s'était trouvé dans la confidence de
Montalais, avaient entre les mains toutes les lettres dont elle avait été dépositaire, et ces lettres
étaient d'une conséquence extrême pour le comte
de Guiche et pour Madame; parce que, pendant
qu'il était à Paris, comme le roi ne l'aimait pas
naturellement, et qu'il avait cru avoir des sujets
de s'en plaindre, il ne s'était pas ménagé en écri-
vant à Madame, et s'était abandonné à beaucoup
de plaisanteries et de choses offensantes contre le
roi. Malicorne et Corbinelli voyant Montalais si
fort oubliée, et craignant que le temps diminuât
l'importance des lettres qu'ils avaient entre leurs
mains, résolurent de voir s'ils ne pourraient pas
en tirer quelque avantage pour Montalais, dans
un temps où l'on ne pouvait l'accuser d'y avoir
part.

Ils firent donc parler de ces lettres à Madame
par la mère de La Fayette, supérieure de Chaillot;
et l'on fit aussi entendre au maréchal de Grammont, qu'il devait aussi songer aux intérêts de
Montalais, puisqu'elle avait entre ses mains des
secrets si considérables.

Vardes connaissait fort Corbinelli; Montalais lui
avait dit l'amitié qu'elle avait pour lui : et comme

le dessein de Vardes était de se rendre maître des
lettres, il ménageait fort Corbinelli, et tâchait à
l'engager à ne les faire rendre que par lui.

Il sut par Madame que d'autres personnes lui
proposaient de les lui faire rendre; il vint trouver Corbinelli comme un désespéré, et Corbinelli, sans lui avouer que c'était par lui que
les propositions s'étaient faites, promit à Vardes que les lettres ne passeraient que par ses
mains.

Lorsque Marsillac avait été chassé, Vardes, dont
les intentions étaient déjà de brouiller entièrement le comte de Guiche avec Madame, avait écrit
au comte qu'elle avait une galanterie avec Marsillac. Le comte de Guiche trouvant que ce que lui
mandait son meilleur ami, et l'homme de la cour
qui voyait Madame de plus près, s'accordait avec
les bruits qui couraient, ne douta point qu'ils ne
fussent véritables, et écrivit à Vardes comme persuadé de l'infidélité de Madame.

Quelque temps auparavant, Vardes, pour se faire
un mérite auprès de Madame, lui dit qu'il fallait
aussi retirer les lettres que le comte de Guiche
avait d'elle. Il écrivit au comte de Guiche que,
puisqu'on trouvait moyen de retirer celles qu'il
avait écrites à Madame, il fallait qu'il lui rendît
celles qu'il avait d'elle. Le comte de Guiche y consentit sans peine, et manda à sa mère de remettre

entre les mains de Vardes une cassette qu'il lui avait laissée.

Tout ce commerce pour faire rendre les lettres, fit trouver à Vardes et à Madame une nécessité de se voir; et la mère de La Fayette, croyant qu'il ne s'agissait que des lettres, consentit que Vardes vînt secrètement à un parloir de Chaillot parler à Madame. Ils eurent une fort longue conversation, et Vardes dit à Madame que le comte de Guiche était persuadé qu'elle avait une galanterie avec Marsillac; il lui montra même les lettres que le comte de Guiche lui écrivait, où il ne paraissait pas néanmoins que ce fût lui qui eût donné l'avis, et là-dessus il disait tout ce que peut dire un homme qui veut prendre la place de son ami; et comme l'esprit et la jeunesse de Vardes le rendaient très-aimable, et que Madame avait une inclination pour lui plus naturelle que pour le comte de Guiche, il était difficile qu'il ne fît pas quelques progrès dans son esprit.

Ils résolurent dans cette entrevue qu'on retirerait ses lettres qui étaient entre les mains de Montalais. Ceux qui les avaient les rendirent en effet; mais ils gardèrent toutes celles qui étaient d'importance. Vardes les rendit à Madame chez la comtesse de Soissons, avec celles qu'elle avait écrites au comte de Guiche, et elles furent brûlées à l'heure même.

Quelques jours après Madame et Vardes convinrent ensemble de se voir encore à Chaillot; Madame y alla, mais Vardes n'y fut pas, et s'excusa sur de très-méchantes raisons. Il se trouva que le roi avait su la première entrevue; et soit que Vardes même le lui eût dit, et qu'il crût que le roi n'en approuverait pas une seconde, soit qu'il craignît la comtesse de Soissons, enfin il n'y alla pas. Madame en fut extrêmement indignée. Elle lui écrivit une lettre où il y avait beaucoup de hauteur et de chagrin, et ils furent brouillés quelque temps.

La reine mère fut malade pendant la plus grande partie de l'été : cela fut cause que la cour ne quitta Paris qu'au mois de juillet. Le roi en partit pour prendre Marsal. Tout le monde le suivit. Marsillac, qui n'avait eu qu'un avis de s'éloigner, et qui n'en avait point d'ordre, revint et suivit le roi.

Comme Madame vit que le roi irait en Lorraine, et qu'il verrait le comte de Guiche, elle craignit qu'il n'avouât au roi le commerce qu'ils avaient ensemble, et elle lui manda que s'il lui disait quelque chose, elle ne le verrait jamais. Cette lettre n'arriva qu'après que le roi eut parlé au comte de Guiche, et qu'il lui eut avoué tout ce que Madame lui avait caché.

Le roi le traita si bien pendant ce voyage, que

tout le monde en fut surpris. Vardes, qui savait ce que Madame avait écrit au comte de Guiche, fit semblant d'ignorer qu'il n'avait pas reçu la lettre, et il manda à Madame que la nouvelle faveur du comte de Guiche l'avait tellement ébloui, qu'il avait tout avoué au roi.

Madame fut fort en colère contre le comte de Guiche, et, ayant un si juste sujet de rompre avec lui, et peut-être ayant d'ailleurs envie de le faire, elle lui écrivit une lettre pleine d'aigreur, et rompit avec lui en lui défendant de jamais nommer son nom.

Le comte de Guiche, après la prise de Marsal, n'ayant plus rien à faire en Lorraine, avait demandé au roi la permission de s'en aller en Pologne. Il avait écrit à Madame tout ce qui la pouvait adoucir sur sa faute; mais Madame ne voulut pas recevoir ses excuses, et lui écrivit cette lettre de rupture dont je viens de parler. Le comte de Guiche la reçut, lorsqu'il était prêt à s'embarquer, et il en eut un si grand désespoir, qu'il eût souhaité que la tempête, qui s'élevait dans le moment, lui donnât lieu de finir sa vie. Son voyage fut néanmoins très-heureux : il fit des actions extraordinaires ; il s'exposa à de grands périls dans la guerre contre les Moscovites, et y reçut même un coup dans l'estomac, qui l'eût tué sans doute, sans un portrait de Madame, qu'il

portait dans une fort grosse boîte qui reçut le
coup, et qui en fut toute brisée.

Vardes était assez satisfait de voir le comte de
Guiche si éloigné de Madame en toute façon. Marsillac était le seul rival qui lui restât à combattre,
et quoique Marsillac lui eût toujours nié qu'il fût
amoureux de Madame, quelque offre de l'y servir
qu'il eût pu faire, il sut si bien le tourner, et de
tant de côtés, qu'il le lui fit avouer : ainsi il se
trouva le confident de son rival.

Comme il était intime ami de M. de La Rochefoucauld, à qui la passion de son fils pour Madame
déplaisait infiniment, il engageait Monsieur à ne
point faire de mal à Marsillac : néanmoins au retour de Marsal, comme on était à une assemblée,
il reprit un soir à Monsieur une jalousie sur Marsillac; il appela Vardes pour lui en parler, et
Vardes, pour lui faire sa cour et pour faire chasser
Marsillac, lui dit qu'il s'était aperçu de la manière
dont Marsillac avait regardé Madame, et qu'il en
allait avertir M. de La Rochefoucauld.

Il est aisé de juger que l'approbation d'un
homme comme Vardes, qui était ami de Marsillac, n'augmenta pas peu la mauvaise humeur de
Monsieur, et il voulut encore que Marsillac se re-
tirât. Vardes vint trouver M. de La Rochefoucauld,
et lui conta assez malignement ce qu'il avait dit à
Monsieur, qui le conta aussi à M. de La Roche-

foucauld. Vardes et lui furent prêts à se brouiller entièrement, et d'autant plus que La Rochefoucauld sut alors que son fils avait avoué sa passion pour Madame.

Marsillac partit de la cour, et passant par Moret, où était Vardes, il ne voulut point d'éclaircissement avec lui, mais depuis ce temps-là ils n'eurent plus que des apparences l'un pour l'autre.

Cette affaire fit beaucoup de bruit, et l'on n'eut pas de peine à juger que Vardes était amoureux de Madame. La comtesse de Soissons commença même à en avoir de la jalousie; mais Vardes la ménagea si bien que rien n'éclata.

Nous avons laissé Vardes content d'avoir fait chasser Marsillac, et de savoir le comte de Guiche en Pologne; il lui restait deux personnes qui l'incommodaient encore, et qu'il ne voulait pas qui fussent des amis de Madame. Le roi en était un, l'autre était Gondrin archevêque de Sens.

Il se défit bientôt du dernier, en lui disant que le roi le croyait amoureux de Madame, et qu'il avait fait la plaisanterie de dire qu'il faudrait bientôt envoyer un archevêque à Sens; cela lui fit gagner son diocèse, d'où il revenait rarement.

Il se servit aussi de cette même plaisanterie, pour dire à Madame que le roi la haïssait, et qu'elle devait s'assurer de l'amitié du roi son frère, afin qu'il pût la défendre contre la mauvaise volonté de l'autre. Madame lui dit qu'elle en était assurée; il l'engagea à lui faire voir les lettres que son frère lui écrivait; elle le fit, et il s'en fit valoir auprès du roi, en lui dépeignant Madame comme une personne dangereuse, mais que le crédit qu'il avait sur elle l'empêcherait de rien faire mal à propos.

Il ne laissa pourtant pas, dans le temps qu'il faisait de telles trahisons à Madame, de paraître s'abandonner à la passion qu'il disait avoir pour elle, et de lui dire tout ce qu'il savait du roi.

Il la pria même de lui permettre de rompre avec la comtesse de Soissons, ce qu'elle ne voulut pas souffrir, car quoiqu'elle eût assurément trop d'indulgence pour sa passion, elle ne laissait pas d'entrevoir que son procédé n'était pas sincère, et cette pensée empêcha Madame de s'engager; elle se brouilla même avec lui très-peu de temps après.

Dans ce même temps M<sup>me</sup> de Meckelbourg et M<sup>me</sup> de Montespan étaient les deux personnes qui paraissaient le mieux avec Madame; la dernière était jalouse de l'autre, et cherchant pour la détruire tous les moyens possibles, elle rencontra celui que je vais dire. M<sup>me</sup> d'Armagnac était alors en Savoie, où elle avait conduit M<sup>me</sup> de Savoie. Monsieur pria Madame de la mettre à son retour de toutes les parties de plaisir qu'elle ferait; Madame y consentit, quoiqu'il lui parût que M^{me} d'Armagnac cherchait plutôt à s'en retirer. M^{me} de Meckelbourg dit à Madame qu'elle en savait la raison. Elle lui conta que dans le temps du mariage de M^{me} d'Armagnac, elle avait une affaire réglée avec Vardes, et que désirant de retirer de lui ses lettres, il lui avait dit qu'il ne les lui rendrait que quand il serait assuré qu'elle n'aimerait personne.

Avant que d'aller en Savoie elle avait fait une tentative pour les ravoir, à laquelle il avait résisté, disant qu'elle aimait Monsieur, ce qui lui faisait appréhender de se trouver chez Madame de peur de l'y rencontrer.

Madame résolut, sachant cela, de redemander à Vardes ses lettres pour les lui rendre, afin qu'elle n'eût plus rien à ménager ; Madame le dit à la Montespan, qui l'en loua, mais qui s'en servit pour lui jouer la pièce la plus noire qu'on puisse s'imaginer.

En ce même temps M. le Grand ( le comte d'Armagnac ) aimait Madame, et quoiqu'il le fît connaître très-grossièrement, il crut que puisqu'elle n'y répondait pas, elle ne le comprenait point. Cela lui fit prendre la résolution de lui écrire ; mais ne se trouvant pas assez d'esprit, il pria M. de Luxembourg et l'archevêque de Sens de faire la lettre qu'il voulait mettre dans la poche de Ma-

dame au Val de Grâce, afin qu'elle ne la pût refuser : ils ne jugèrent pas à propos de le faire, et
avertirent Madame de son extravagance. Madame
les pria de faire en sorte qu'il ne pensât plus à
elle, et en effet ils y réussirent.

Mais M^me d'Armagnac revenant de Savoie, se
trouva fort jalouse ; M^me de Montespan lui dit
qu'elle avait raison de l'être, et pour la prévenir,
alla au-devant d'elle lui conter que Madame voulait avoir ses lettres, pour lui faire du mal, et
qu'à moins qu'elle ne perdît M^me de Meckelbourg,
on la perdrait elle-même. M^me d'Armagnac, qui
employait volontiers le peu d'esprit qu'elle avait
à faire du mal, conclut avec M^me de Montespan,
qu'il fallait perdre M^me de Meckelbourg : elles y tra-
vaillèrent auprès de la reine mère, par M. de
Beauvais ; et auprès de Monsieur, en lui représen-
tant que M^me de Meckelbourg avait trop méchante
réputation pour la laisser auprès de Madame.

Elle de son côté voulut faire tant de finesse
qu'elle acheva de se détruire, et Monsieur lui défendit de voir Madame. Madame, au désespoir de
l'affront qu'une de ses amies recevait, défendit à
M^mes de Montespan et d'Armagnac de se présenter
devant elle. Elle voulut même obliger Vardes à
menacer cette dernière, en lui disant que si elle
ne faisait revenir M^me de Meckelbourg, il remettrait
entre ses mains les lettres en question ; mais au

lieu de le faire, il se fit valoir de la proposition,
ce qui fortifia Madame dans la pensée qu'elle
avait, que c'était un grand fourbe.

Monsieur l'avait aussi découvert par des redites
qu'il avait faites entre le roi et lui; ainsi il n'osa
plus venir chez Madame que rarement, et voyant
que Madame dans ses lettres ne lui rendait pas
compte des conversations fréquentes qu'elle avait
avec le roi, il commença à croire que le roi devenait amoureux d'elle, ce qui le mit au désespoir.

Dans le même temps on sut par des lettres de
Pologne, que le comte de Guiche, après avoir fait
des actions extraordinaires de valeur, était réduit,
avec l'armée de Pologne, dans un état d'où il n'é-
tait pas possible de se sauver; l'on conta cette
nouvelle au souper du roi; Madame en fut si saisie
qu'elle fut heureuse que l'attention que tout le
monde avait pour la relation, empêchât de remarquer le trouble où elle était.

Madame sortit de table; elle rencontra Vardes,
et lui dit : « Je vois bien que j'aime le comte de
Guiche plus que je ne pense. » Cette déclaration,
jointe aux soupçons qu'il avait du roi, lui firent
prendre la résolution de changer de manière d'a-
gir avec Madame.

Je crois qu'il eût rompu incontinent avec elle,
si des considérations trop fortes ne l'eussent re-
tenu. Il lui fit des plaintes sur les deux sujets qu'il

en avait ; Madame lui répondit en plaisantant que
pour le roi, elle lui permettait le personnage de
chabanier, et que pour le comte de Guiche, elle
ui apprendrait combien il avait fait de choses
pour le brouiller avec elle, s'il ne souffrait qu'elle
lui fît part de ce qu'elle sentait pour lui. Il manda
ensuite à Madame, qu'il commençait à sentir que
la comtesse de Soissons ne lui était pas indifférente ; Madame lui répondit que son nez l'incom-
moderait trop dans son lit, pour qu'il lui fût possible d'y demeurer ensemble. Depuis ce temps-là
l'intelligence de Madame et de Vardes était fondée
plutôt sur la considération, que sur aucune des
raisons qui l'avaient fait naître.

L'on alla cet été à Fontainebleau ; Monsieur, ne
pouvant souffrir que ses deux amies (M<sup>mes</sup> d'Armagnac et de Montespan) fussent exclues de toutes les
parties de plaisir, par la défense que Madame leur
avait faite de paraître en sa présence, consentit que
M<sup>me</sup> de Meckelbourg reverrait Madame, et elles le
firent toutes trois avant que la cour partît de Paris ;
mais les deux premières ne rentrèrent jamais dans
les bonnes grâces de Madame, surtout M<sup>me</sup> de
Montespan.

L'on ne songea qu'à se divertir à Fontainebleau;
et parmi toutes les fêtes, la dissension des dames
faisant toujours quelques affaires, celle qui fit le
plus de bruit vint d'une médianoche, où le roi

pria Madame d'assister ; cette fête devait se donner
sur le canal, dans un bateau fort éclairé, et ac-
compagné d'autres où étaient les violons et la
musique.

Jusqu'à ce jour la grossesse de Madame l'avait
empêchée d'être des promenades ; mais se trouvant dans le neuvième mois, elle fut de toutes ;
elle pria le roi d'en exclure M^{mes} d'Armagnac et
de Montespan ; mais Monsieur, qui croyait l'autorité d'un mari choquée par l'exclusion qu'on donnait à ses amies, déclara qu'il ne se trouverait
pas aux fêtes où ces dames ne seraient pas.

La reine mère, qui continuait à haïr Madame, le
fortifia dans cette résolution, et s'emporta fort contre
le roi qui prenait le parti de Madame. Elle eut le
dessus, néanmoins, et les dames ne furent point
de la médianoche, dont elles pensèrent enrager.

La comtesse de Soissons, qui depuis longtemps
avait été jalouse de Madame jusqu'à la folie, ne
laissait pas de vivre bien avec elle. Un jour qu'elle
était malade, elle pria Madame de l'aller voir, et
voulant être éclaircie de ses sentiments pour Vardes, après lui avoir fait beaucoup de protestations
d'amitié, elle reprocha à Madame le commerce
que depuis trois ans elle avait avec Vardes à son
insu ; que si c'était galanterie, c'était lui faire un
tour bien sensible ; et que si ce n'était qu'amitié,
elle ne comprenait pas pourquoi Madame voulait

la lui cacher, sachant combien elle était attachée
à ses intérêts.

Comme Madame aimait extrêmement à tirer ses
amies d'embarras, elle dit à la comtesse qu'il n'y
avait jamais eu dans le cœur de Vardes aucuns
sentiments dont elle pût se plaindre ; la comtesse
pria Madame, puisque cela était, de dire devant
Vardes qu'elle ne voulait plus de commerce avec
lui que par elle. Madame y consentit, on envoya
querir Vardes dans le moment ; il fut un peu surpris, mais quand il vit qu'au lieu de chercher à le
brouiller, Madame prenait toutes les fautes sur elle,
il vint la remercier et l'assura qu'il lui serait toute
sa vie redevable des marques de sa générosité.

Mais la comtesse de Soissons, craignant toujours qu'on ne lui eût fait quelque finesse, tourna
tant Vardes, qu'il se coupa sur deux ou trois
choses ; elle en parla à Madame pour s'éclaircir,
et lui apprit que Vardes lui avait fait une insigne
trahison auprès du roi, en lui montrant les lettres
du roi d'Angleterre.

Madame ne s'emporta pourtant pas contre Vardes, elle soutint toujours qu'il était innocent envers la comtesse, quoiqu'elle fût très-malcontente
de lui ; mais elle ne voulait pas paraître men-
teuse, et il fallait le paraître pour dire la vérité.

La comtesse dit pourtant tout le contraire à
Vardes, ce qui acheva de lui tourner la tête ; il

lui avoua tout, et comment il n'avait tenu qu'à
Madame qu'il ne l'eût vue de toute sa vie. Jugez
dans quel désespoir fut la comtesse. Elle envoya
prier Madame de l'aller voir. Madame la trouva
dans une douleur inconcevable des trahisons de
son amant. Elle pria Madame de lui dire la vérité, et lui dit qu'elle voyait bien que la raison
qui l'en avait empêchée était une bonté pour
Vardes, que ses trahisons ne méritaient pas.

Sur cela, elle conta à Madame tout ce qu'elle
savait; et dans cette confrontation, elles décou-
vrirent des tromperies qui passent l'imagination.
La comtesse jura qu'elle ne verrait Vardes de sa
vie; mais que ne peut une violente inclination?
Vardes joua si bien la comédie qu'il l'apaisa.

# IV.

Dans ce temps, le comte de Guiche revint de
Pologne; Monsieur souffrit qu'il revînt à la cour;
mais il exigea de son père qu'il ne se trouverait
pas dans les lieux où se trouverait Madame. Il ne
laissait pas de la rencontrer souvent, et de l'aimer
en la revoyant, quoique l'absence eût été longue,
que Madame eût rompu avec lui, et qu'il fût incertain de ce qu'il devait croire de l'affaire de
Vardes.

Il ne savait plus de moyen de s'éclaircir avec

Madame; Dodoux, qui était le seul homme en qui
il se fiait, n'était pas à Fontainebleau; et ce qui
acheva de le mettre au désespoir, fut que comme
Madame savait que le roi était instruit des lettres
qu'elle lui avait écrites à Nancy, et du portrait
qu'il avait d'elle, elle les lui fit redemander par le
roi même, à qui il les rendit avec toute la douleur possible, et toute l'obéissance qu'il a toujours
eue pour les ordres de Madame.

Cependant Vardes, qui se sentait coupable envers son ami, lui embrouilla tellement les choses,
qu'il lui pensa faire tourner la tête. Tous ses rai-
sonnements lui faisaient connaître qu'il était
trompé, mais il ignorait si Madame avait part à la
tromperie, ou si Vardes seul était coupable. Son
humeur violente ne le pouvant laisser dans cette
inquiétude, il résolut de prendre M^{me} de Meckelbourg pour juge, et Vardes la lui nomma comme
un témoin de sa fidélité; mais il ne le voulut qu'à
condition que Madame y consentirait.

Il lui en écrivit par Vardes pour l'en prier;
Madame était accouchée de M^{lle} de Valois et ne
voyait encore personne; mais Vardes lui demanda
une audience avec tant d'instance, qu'elle la lui
accorda. Il se jeta d'abord à genoux devant elle;
il se mit à pleurer et à lui demander grâce, lui of-
frant de cacher, si elle voulait être de concert avec
lui, tout le commerce qui avait été entre eux.

Madame lui déclara qu'au lieu d'accepter cette proposition, elle voulait que le comte de Guiche en sût la vérité; que comme elle avait été trompée, et qu'elle avait donné dans des panneaux dont personne n'aurait pu se défendre, elle ne voulait pas d'autre justification que la vérité, au travers de laquelle on verrait que ses bontés, entre les mains de tout autre que de lui, n'auraient pas été tournées comme elles l'avaient été.

Il voulut ensuite lui donner la lettre du comte de Guiche; mais elle la refusa; et elle fit très-bien, car Vardes l'avait déjà montrée au roi, et lui avait dit que Madame le trompait.

Il pria encore Madame de nommer quelqu'un pour les accommoder. Elle consentit, pour empêcher qu'ils ne se battissent, que la paix se fît chez M$^{me}$ de Meckelbourg; mais Madame ne voulait pas qu'il parût que cette entrevue se fît de son consentement. Vardes, qui avait espéré toute autre chose, fut dans un désespoir nonpareil; il se cognait la tête contre les murailles, il pleurait et faisait toutes les extravagances possibles; mais Madame tint ferme et ne se relâcha point, dont bien lui prit.

Quand Vardes fut sorti, le roi arriva. Madame lui conta comment la chose s'était passée; dont le roi fut si content, qu'il entra en éclaircissement avec elle, et lui promit de l'aider à démêler les

fourberies de Vardes, qui se trouvèrent si excessives, qu'il serait impossible de les définir.

Madame se tira de ce labyrinthe en disant toujours
la vérité, et sa sincérité la maintint auprès du roi.

Le comte de Guiche cependant se trouva fort affligé de ce que Madame n'avait pas voulu recevoir
sa lettre ; il crut qu'elle ne l'aimait pas , et il prit
la résolution de voir Vardes chez M^{me} de Meckelbourg, pour se battre contre lui. Elle ne les voulut
point recevoir ; de sorte qu'ils demeurèrent dans
un état dont on attendait tous les jours quelque
éclat horrible.

Le roi retourna en ce temps à Vincennes. Le
comte de Guiche, qui ne savait dans quels sentiments Madame était pour lui, ne pouvant plus
demeurer dans cette incertitude, résolut de prier
la comtesse de Grammont, qui était Anglaise, de
parler à Madame, et il l'en pressa tant qu'elle y
consentit. Son mari même se chargea d'une lettre
qu'elle ne voulut pas recevoir. Madame lui dit que
le comte de Guiche avait été amoureux de M^{lle} de
Grancey, sans lui avoir fait dire que c'était un
prétexte ; qu'elle se trouvait heureuse de n'avoir
point d'affaire avec lui, et que s'il eût agi autre-
ment, son inclination et la reconnaissance l'auraient fait consentir, malgré les dangers auxquels
elle s'exposait, à conserver pour lui les sentiments
qu'il aurait pu désirer.

Cette froideur renouvela tellement la passion du comte de Guiche, qu'il était tous les jours chez la comtesse de Grammont, pour la prier de parler à Madame en sa faveur. Enfin le hasard lui donna occasion de lui parler à elle-même plus qu'il ne l'espérait.

M<sup>me</sup> de La Vieuville donna un bal chez elle : Madame fit partie pour y aller en masque avec Monsieur ; et pour n'être pas reconnue, elle fit habiller magnifiquement ses filles et quelques dames de sa suite, et elle, avec Monsieur, alla avec des capes dans un carrosse emprunté.

Ils trouvèrent à la porte une troupe de masques. Monsieur leur proposa, sans les connaître, de s'associer à eux, et en prit un par la main. Madame en fit autant. Jugez quelle fut sa surprise quand elle trouva la main estropiée du comte de Guiche, qui reconnut aussi les sachets dont les coiffes de Madame étaient parfumées. Peu ne s'en fallut qu'ils ne jetassent un cri tous les deux, tant cette aventure les surprit.

Ils étaient l'un et l'autre dans un si grand embarras, qu'ils montèrent l'escalier sans se rien dire. Enfin le comte de Guiche ayant reconnu Monsieur, et ayant vu qu'il s'était allé asseoir loin de Madame, s'était mis à ses genoux et avait eu le temps, non-seulement de se justifier, mais d'apprendre de Madame tout ce qui s'était passé pen-

dant son absence. Il eut beaucoup de douleur
qu'elle eût écouté Vardes ; mais il se trouva si
heureux que Madame lui pardonnait sa ravauderie
avec M^lle de Grancey, qu'il ne se plaignit pas.

Monsieur rappela Madame, et le comte de Guiche, de peur d'être reconnu, sortit le premier.
Mais le hasard qui l'avait amené en ce lieu le fit
amuser au bas du degré. Monsieur était un peu inquiet de la conversation que Madame avait eue :
elle s'en aperçut, et la crainte d'être questionnée
fit que le pied lui manqua, et du haut de l'escalier
elle alla bronchant jusqu'en bas, où était le comte
de Guiche, qui, en la retenant, l'empêcha de se
tuer : car elle était grosse.

Toutes choses semblaient, comme vous voyez,
aider à son raccommodement ; aussi s'acheva-t-il.
Madame reçut ensuite de ses lettres ; et un soir
que Monsieur était allé en masque, elle le vit chez
la comtesse de Grammont, où elle attendait Monsieur pour faire médianoche.

Dans ce même temps, Madame trouva occasion
de se venger de Vardes. Le chevalier de Lorraine
était amoureux d'une des filles de Madame, qui
s'appelait Fiennes. Un jour qu'il se trouva chez la
reine, devant beaucoup de gens, on lui demanda
à qui il en voulait : quelqu'un répondit que c'était
à Fiennes ; Vardes dit qu'il aurait bien mieux fait
de s'adresser à sa maîtresse. Cela fut rapporté à

Madame par le comte de Grammont. Elle se le fit raconter par le marquis de Villeroi, ne voulant pas nommer l'autre ; et l'ayant engagé dans la chose, aussi bien que le chevalier de Lorraine, elle en fit ses plaintes au roi, et le pria de chasser Vardes. Le roi trouva la punition un peu rude ; mais il le promit. Vardes demanda à n'être mis qu'à la Bastille, où tout le monde l'alla voir.

Ses amis publièrent que le roi avait consenti avec peine à cette punition, et que Madame n'avait pu le faire casser. Voyant qu'en effet cela se trouvait avantageusement pour lui, Madame repria le roi de l'envoyer à son gouvernement ; ce qu'il lui accorda.

La comtesse de Soissons, enragée de ce que Madame lui ôtait également Vardes par sa haine et par son amitié, et son dépit ayant augmenté par la hauteur avec laquelle toute la jeunesse de la cour avait soutenu que Vardes était punissable, elle résolut de s'en venger sur le comte de Guiche.

Elle dit au roi que Madame avait fait ce sacrifice au comte de Guiche, et qu'il aurait regret d'avoir servi sa haine, s'il savait tout ce que le comte de Guiche avait fait contre lui.

Montalais, qu'une fausse générosité faisait souvent agir, écrivit à Vardes que s'il voulait s'abandonner à sa conduite, elle aurait trois lettres qui pouvaient le tirer d'affaire : il n'accepta pas le parti. Mais la comtesse de Soissons se servit de la connaissance de ces lettres pour obliger le roi à perdre le comte de Guiche. Elle accusa le comte d'avoir voulu livrer Dunkerque aux Anglais, et d'avoir offert à Madame le régiment des gardes. Elle eut l'imprudence de mêler à tout cela la lettre d'Espagne. Heureusement le roi parla à Madame de tout ceci. Il lui parut d'une telle rage contre le comte de Guiche, et si obligé à la comtesse de Soissons, que Madame se vit dans la nécessité de perdre tous les deux, pour ne pas voir la comtesse de Soissons sur le trône après avoir accablé le comte de Guiche. Madame fit pourtant promettre au roi qu'il pardonnerait au comte de Guiche, si elle lui pouvait prouver que ses fautes étaient petites en comparaison de celles de Vardes et de la comtesse de Soissons. Le roi le lui promit, et Madame lui conta tout ce qu'elle savait. Ils conclurent ensemble qu'il chasserait la comtesse de Soissons et qu'il mettrait Vardes en prison. Madame avertit le comte de Guiche en diligence, par le maréchal de Grammont, et lui conseilla d'avouer sincèrement toutes choses, ayant trouvé que dans toutes les matières embrouillées la vérité seule tire les gens d'affaire. Quelque délicat que cela fût, le comte de Guiche en remercia Madame, et sur cette affaire ils n'eurent de commerce que par le maréchal de Grammont. La régularité fut si

grande de part et d'autre, qu'ils ne se coupèrent
jamais, et que le roi ne s'aperçut point de ce concert. Il envoya prier Montalais de lui dire la vérité : « vous saurez ce détail d'elle. Je vous dirai
seulement que le maréchal, qui n'avait tenu que
par miracle une aussi bonne conduite que celle
qu'il avait eue, ne put longtemps se démen-
tir, et son effroi lui fit envoyer son fils en Hollande, qui n'aurait pas été chassé s'il eût tenu
bon.

Il en fut si affligé qu'il en tomba malade. Son
père ne laissa pas de le presser de partir. Madame
ne voulait pas qu'il lui dît adieu, parce qu'elle savait qu'on l'observait, et qu'elle n'était plus dans
cet âge où ce qui était périlleux lui paraissait plus
agréable. Mais comme le comte de Guiche ne
pouvait partir sans voir Madame, il se fit faire un
habit de livrée de La Vallière ; et comme on portait Madame en chaise dans le Louvre, il eut la liberté de lui parler. Enfin le jour du départ arriva.
Le comte avait toujours la fièvre : il ne laissa pas
de se trouver dans la rue avec son déguisement
ordinaire ; mais les forces lui manquèrent quand
il lui fallut prendre le dernier congé. Il tomba
évanoui, et Madame resta dans la douleur de le
voir dans cet état, au hasard d'être reconnu ou de
demeurer sans secours. Depuis ce temps-là Madame ne l'a point revu.

Madame était revenue d'Angleterre avec toute la gloire et le plaisir que peut donner un voyage causé par l'amitié et suivi d'un bon succès dans les affaires. Le roi son frère, qu'elle aimait chèrement, lui avait témoigné une tendresse et une considération extraordinaires. On savait, quoique très-confusément, que la négociation dont elle se mêlait était sur le point de se conclure. Elle se voyait, à vingt-six ans, le lien des deux plus grands rois de ce siècle. Elle avait entre les mains un traité d'où dépendait le sort d'une partie de l'Europe. Le plaisir et la considération que donnent les affaires, se joignant en elle aux agréments que donnent la jeunesse et la beauté, il y avait une grâce et une douceur répandues dans toute sa personne, qui lui attiraient une sorte d'hommage qui lui devait être d'autant plus agréable qu'on le rendait plus à la personne qu'au rang.

Cet état de bonheur était troublé par l'éloignement où Monsieur était pour elle depuis l'affaire du chevalier de Lorraine; mais, selon toutes les apparences, les bonnes grâces du roi lui eussent fourni les moyens de sortir de cet embarras. Enfin elle était dans la plus agréable situation où elle se fût jamais trouvée, lorsqu'une mort, moins attendue qu'un coup de tonnerre, termina une si belle vie et priva la France de la plus aimable princesse qui vivra jamais.

Le 24 juin de l'année 1670, huit jours après son retour d'Angleterre, Monsieur et elle allèrent à Saint-Cloud. Le premier jour qu'elle y alla, elle se plaignit d'un mal de côté et d'une douleur dans l'estomac à laquelle elle était sujette ; néanmoins, comme il faisait extrêmement chaud, elle voulut se baigner. M. Guéslin, son premier médecin, fit tout ce qu'il put pour l'en empêcher ; mais, quoi qu'il pût dire, elle se baigna le vendredi, et le samedi elle s'en trouva si mal qu'elle ne se baigna point. J'arrivai à Saint-Cloud le samedi à dix heures du soir ; je la trouvai dans les jardins. Elle me dit que je lui trouverais mauvais visage, et qu'elle ne se portait pas bien. Elle avait soupé comme à son ordinaire, et elle se promena au clair de la lune jusqu'à minuit. Le lendemain dimanche, 29 juin, elle se leva de bonne heure et descendit chez Monsieur, qui se baignait. Elle fut longtemps auprès de lui, et en sortant de sa chambre elle entra dans la mienne et me fit l'honneur de me dire qu'elle avait bien passé la nuit.

Un moment après je montai chez elle. Elle me dit qu'elle était chagrine, et la mauvaise humeur dont elle parlait aurait fait les belles heures des autres femmes, tant elle avait de douceur naturelle, et tant elle était peu capable d'aigreur et de colère.

Comme elle me parlait, on lui vint dire que la

messe était prête. Elle l'alla entendre; et en revenant dans sa chambre elle s'appuya sur moi et me dit, avec cet air de bonté qui lui était si particulier, qu'elle ne serait pas de si méchante humeur si elle pouvait causer avec moi; mais qu'elle était si lasse de toutes les personnes qui l'environnaient, qu'elle ne pouvait plus les supporter.

Elle alla ensuite voir peindre Mademoiselle, dont un excellent peintre anglais faisait le portrait, et elle se mit à parler à M^me d'Épernon et à moi de son voyage d'Angleterre et du roi son frère.

Cette conversation, qui lui plaisait, lui redonna de la joie; on servit le dîner, elle mangea comme à son ordinaire, et, après le dîner, elle se coucha sur des carreaux, ce qu'elle faisait assez souvent lorsqu'elle était en liberté; elle m'avait fait mettre auprès d'elle, en sorte que sa tête était quasi sur moi.

Le même peintre anglais peignait Monsieur; on parlait de toutes sortes de choses, et cependant elle s'endormit. Pendant son sommeil, elle changea si considérablement, qu'après l'avoir longtemps regardée, j'en fus surprise, et je pensai qu'il fallait que son esprit contribuât fort à parer son visage, puisqu'il le rendait si agréable, lorsqu'elle était éveillée, et qu'elle l'était si peu quand elle était endormie. J'avais tort néanmoins de faire cette réflexion, car je l'avais vue dormir plusieurs fois, et je ne l'avais pas vue moins aimable.

Après qu'elle fut éveillée, elle se leva du lieu où elle était; mais avec un si mauvais visage, que Monsieur en fut surpris et me le fit remarquer.

Elle s'en alla ensuite dans le salon où elle se promena quelque temps avec Boisfranc, trésorier de Monsieur, et en lui parlant elle se plaignit plusieurs fois de son mal de côté.

Monsieur descendit pour aller à Paris, où il avait résolu d'aller; il trouva M$^{me}$ de Meckelbourg sur le degré, et remonta avec elle; Madame quitta Boisfranc, et vint à M$^{me}$ de Meckelbourg. Comme elle parlait à elle, M$^{me}$ de Gamache lui apporta, aussi bien qu'à moi, un verre d'eau de chicorée qu'elle avait demandé il y avait déjà quelque temps; M$^{me}$ de Gourdon, sa dame d'atours, le lui présenta. Elle le but, et en remettant d'une main la tasse sur la soucoupe, de l'autre elle se prit le côté, et dit avec un ton qui marquait beaucoup de douleur : « Ah! quel point de côté! ah! quel mal! Je n'en puis plus. »

Elle rougit en prononçant ces paroles, et dans le moment d'après, elle pâlit d'une pâleur livide qui nous surprit tous; elle continua de crier, et dit qu'on l'emportât, comme ne pouvant plus se soutenir.

Nous la prîmes sous les bras; elle marchait à

peine, et toute courbée. On la déshabilla dans un
instant, je la soutenais pendant qu'on la délaçait.
Elle se plaignait toujours, et je remarquai qu'elle
avait les larmes aux yeux; j'en fus étonnée et at-
tendrie, car je la connaissais pour la personne du
monde la plus patiente.

Je lui dis, en lui baisant les bras que je soutenais, qu'il fallait qu'elle souffrît beaucoup; elle
me dit que cela était inconcevable. On la mit au
lit, et sitôt qu'elle y fut, elle cria encore plus
qu'elle n'avait fait, et se jeta d'un côté et d'un
autre, comme une personne qui souffrait infiniment. On alla en même temps appeler son premier médecin M. Esprit; il vint, et dit que c'était
la colique, et ordonna les remèdes ordinaires à de
semblables maux; cependant les douleurs étaient
inconcevables; Madame dit que son mal était plus
considérable qu'on ne pensait, qu'elle allait mourir, qu'on lui allât querir un confesseur.

Monsieur était devant son lit, elle l'embrassa,
et lui dit avec une douceur et un air capable d'at-
tendrir les cœurs les plus barbares : « Hélas! Monsieur, vous ne m'aimez plus il y a longtemps,
mais cela est injuste, je ne vous ai jamais man-
qué. » Monsieur parut fort touché, et tout ce qui
était dans sa chambre l'était tellement, qu'on
n'entendait plus que le bruit que font des personnes qui pleurent.

Tout ce que je viens de dire s'était passé en moins d'une demi-heure. Madame criait toujours qu'elle sentait des douleurs terribles dans le creux de l'estomac. Tout d'un coup elle dit qu'on regardât à cette eau qu'elle avait bue, que c'était du poison, qu'on avait peut-être pris une bouteille pour l'autre, qu'elle était empoisonnée, qu'elle le sentait bien, et qu'on lui donnât du contre-poison.

J'étais dans la ruelle auprès de Monsieur, et quoique je le crusse fort incapable d'un pareil crime, un étonnement ordinaire à la malignité humaine me le fit observer avec attention. Il ne fut ni ému ni embarrassé de l'opinion de Madame, il dit qu'il fallait donner de cette eau à un chien; il opina comme Madame qu'on allât querir de l'huile et du contre-poison pour ôter à Madame une pensée si fâcheuse. M^me Desbordes, sa première femme de chambre, qui était absolument à elle, lui dit qu'elle avait fait l'eau, et en but; mais Madame persévéra toujours à vouloir de l'huile et du contre-poison; on lui donna l'un et l'autre. Sainte-Foi, premier valet de chambre de Monsieur, lui apporta de la poudre de vipère; elle lui dit qu'elle la prenait de sa main, parce qu'elle se fiait à lui. On lui fit prendre plusieurs drogues dans cette pensée de poison, et peut-être plus propres à lui faire du mal qu'à la soulager. Ce

qu'on lui donna la fit vomir; elle en avait déjà eu
envie plusieurs fois avant que d'avoir rien pris,
mais ses vomissements ne furent qu'imparfaits, et
ne lui firent jeter que quelques flegmes et une
partie de la nourriture qu'elle avait prise. L'agitation de ces remèdes et les excessives douleurs
qu'elle souffrait, la mirent dans un abattement
qui nous parut du repos; mais elle nous dit qu'il
ne fallait pas se tromper, que ses douleurs étaient
toujours égales, qu'elle n'avait plus la force de
crier, et qu'il n'y avait point de remède à son
mal.

Il sembla qu'elle avait une certitude entière de
sa mort, et qu'elle s'y résolût comme à une chose
indifférente; selon toutes les apparences, la pensée
du poison était établie dans son esprit, et voyant
que les remèdes avaient été inutiles, elle ne songeait plus à la vie, et ne pensait qu'à souffrir ses
douleurs avec patience. Elle commença à avoir
beaucoup d'appréhension. Monsieur appela M^me de
Gamache pour tâter son pouls : les médecins n'y
pensaient pas; elle sortit de la ruelle épouvantée,
et nous dit qu'elle n'en trouvait point à Madame,
et qu'elle avait toutes les extrémités froides; cela
nous fit peur, Monsieur en parut effrayé. M. Esprit
dit que c'était un accident ordinaire à la colique,
et qu'il répondait de Madame. Monsieur se mit en
colère, et dit qu'il lui avait répondu de M. de Va-

lois et qu'il était mort, qu'il lui répondait de Madame et qu'elle mourrait encore.

Cependant le curé de Saint-Cloud, qu'elle avait mandé, était venu. Monsieur me fit l'honneur de me demander si on parlerait à ce confesseur. Je la trouvais fort mal; il me semblait que ses douleurs n'étaient point celles d'une colique ordinaire; mais néanmoins j'étais bien éloignée de prévoir ce qui devait arriver, et je n'attribuais les pensées qui me venaient dans l'esprit qu'à l'intérêt que je prenais à sa vie.

Je répondis à Monsieur qu'une confession faite dans la vue de la mort, ne pouvait être que très-utile; et Monsieur m'ordonna de lui aller dire que le curé de Saint-Cloud était venu. Je le suppliai de m'en dispenser, et je lui dis que comme elle l'avait demandé, il n'y avait qu'à le faire entrer dans sa chambre. Monsieur s'approcha de son lit, et d'elle-même elle me redemanda un confesseur, mais sans paraître effrayée, et comme une personne qui songeait aux seules choses qui lui étaient nécessaires dans l'état où elle était.

Une de ses premières femmes de chambre était passée à son chevet pour la soutenir; elle ne voulut point qu'elle s'ôtât, et se confessa devant elle. Après que le confesseur se fut retiré, Monsieur s'approcha de son lit; elle lui dit quelques mots assez bas que nous n'entendîmes point, et cela

nous parut encore quelque chose de doux et d'o-
bligeant.

L'on avait fort parlé de la saigner, mais elle
souhaitait que ce fût du pied. M. Esprit voulait
que ce fût du bras; enfin il détermina qu'il le
fallait ainsi. Monsieur vint le dire à Madame,
comme une chose à quoi elle aurait peut-être de
la peine à se résoudre, mais elle répondit qu'elle
voulait tout ce qu'on souhaitait, que tout lui était
indifférent, et qu'elle sentait bien qu'elle n'en
pouvait revenir. Nous écoutions ces paroles
comme des effets d'une douleur violente, qu'elle
n'avait jamais sentie, et qui lui faisait croire
qu'elle allait mourir.

Il n'y avait pas plus de trois heures qu'elle se
trouvait mal. Gueslin, que l'on avait envoyé qué-
rir à Paris, arriva avec M. Valot, qu'on avait
envoyé chercher à Versailles. Sitôt que Madame
vit Gueslin, en qui elle avait beaucoup de confiance, elle lui dit qu'elle était bien aise de le
voir, qu'elle était empoisonnée et qu'il la traitât
sur ce fondement. Je ne sais s'il le crut, et s'il
fut persuadé qu'il n'y avait point de remède, ou
s'il s'imagina qu'elle se trompait, et que son mal
n'était pas dangereux; mais enfin il agit comme
un homme qui n'avait plus d'espérance, ou qui
ne voyait point de danger. Il consulta avec M. Valot, et avec M. Esprit, et après une conférence as-

sez longue, ils vinrent tous trois trouver Monsieur, et l'assurèrent sur leur vie qu'il n'y avait
point de danger. Monsieur vint le dire à Madame;
elle lui dit qu'elle connaissait mieux son mal que
le médecin, et qu'il n'y avait point de remède;
mais elle dit cela avec la même tranquillité et la
même douceur, que si elle eût parlé d'une chose
indifférente.

M. le prince la vint voir, elle lui dit qu'elle
se mourait. Tout ce qui était auprès d'elle reprit
la parole pour lui dire qu'elle n'était pas en cet
état; mais elle témoigna quelque sorte d'impatience de mourir pour être délivrée des douleurs
qu'elle souffrait. Il semblait néanmoins que la saignée l'eût soulagée; on la crut mieux, M. Valot s'en retourna à Versailles sur les neuf heures
et demie, et nous demeurâmes auprès de son lit à
causer, la croyant sans aucun péril. On était quasi
consolé des douleurs qu'elle avait souffertes, espé-
rant que l'état où elle avait été servirait à son raccommodement avec Monsieur. Il en paraissait
touché, et M<sup>me</sup> d'Espernon et moi, qui avions en-
tendu ce qu'elle avait dit, nous prenions plaisir à
lui faire remarquer le prix de ses paroles.

M. Valot avait ordonné un lavement avec du
séné; elle l'avait pris, et quoique nous n'enten-
dissions guère la médecine, nous jugions bien
néanmoins qu'elle ne pouvait sortir de l'état où

6                                                     9

elle était que par une évacuation. La nature tendait à sa fin par en haut, elle avait des envies continuelles de vomir; mais on ne lui donnait rien pour lui aider.

Dieu aveuglait les médecins, et ne voulait pas même qu'ils tentassent des remèdes capables de retarder une mort qu'il voulait rendre terrible. Elle entendit que nous disions qu'elle était mieux, et que nous attendions l'effet de ce remède avec impatience : « Cela est si peu véritable, nous dit-elle, que si je n'étais pas chrétienne, je me tuerais, tant mes douleurs sont excessives. Il ne faut point souhaiter de mal à personne, ajouta-t-elle, mais je voudrais bien que quelqu'un pût sentir un moment ce que je souffre, pour connaître de quelle nature sont mes douleurs. »

Cependant ce remède ne faisait rien, l'inquiétude nous en prit. On appela M. Esprit et M. Gueslin. Ils dirent qu'il fallait encore attendre ; elle répondit que si on sentait ses douleurs on n'attendrait pas si paisiblement : on fut deux heures entières sur l'attente de ce remède, qui furent les dernières où elle pouvait recevoir du secours. Elle avait pris quantité de remèdes; on avait gâté son lit, elle voulut en changer, et on lui en fit un petit dans sa ruelle; elle y alla sans qu'on l'y portât, et fit même le tour par l'autre ruelle, pour ne pas se mettre dans l'endroit de son lit gâté. Lorsqu'elle fut dans ce petit lit, soit qu'elle expirât véritablement, soit qu'on la vît mieux, parce qu'elle avait les bougies au visage, elle nous parut beaucoup plus mal ; les médecins voulurent la voir de près, et lui apportèrent un flambeau : elle les avait toujours fait ôter, depuis qu'elle s'était trouvée mal.

Monsieur lui demanda si on ne l'incommodait point : « Ah ! non, Monsieur, lui dit-elle, rien ne m'incommode plus, je ne serai pas en vie demain matin, vous le verrez. » On lui donna un bouillon, parce qu'elle n'avait rien pris depuis son dîner ; sitôt qu'elle l'eut avalé, ses douleurs redoublèrent, et devinrent aussi violentes qu'elles l'avaient été lorsqu'elle avait pris le verre de chicorée. La mort se peignit sur son visage, et on la voyait dans des souffrances cruelles, sans néanmoins qu'elle parût agitée.

Le roi avait envoyé plusieurs fois savoir de ses nouvelles, et elle lui avait toujours mandé qu'elle se mourait ; ceux qui l'avaient vue lui avaient dit qu'en effet elle était très-mal ; et M. de Créqui, qui avait passé à Saint-Cloud en allant à Versailles, dit au roi qu'il la croyait en grand péril, de sorte que le roi voulut la venir voir, et arriva à Saint-Cloud sur les onze heures.

Lorsque le roi arriva, Madame était dans ce redoublement de douleurs que lui avait causé le bouillon. Il sembla que les médecins furent éclairés par sa présence; il les prit en particulier pour savoir ce qu'ils en pensaient, et ces mêmes médecins, qui deux heures auparavant en répondaient sur leur vie, et qui trouvaient que les extrémités froides n'était qu'un accident de la colique, commencèrent à dire qu'elle était sans espérance, que cette froideur et ce pouls retiré étaient une marque de gangrène, et qu'il fallait lui faire recevoir Notre-Seigneur.

La reine et la comtesse de Soissons étaient venues avec le roi; M^me de La Vallière et M^me de Montespan étaient venues ensemble; je parlais à elle, Monsieur m'appela, et me dit en pleurant ce que ces médecins venaient de lui dire. Je fus surprise et touchée comme je le devais, et je répondis à Monsieur que les médecins avaient perdu l'esprit, et qu'ils ne pensaient ni à sa vie, ni à son salut; qu'elle n'avait parlé qu'un quart d'heure au curé de Saint-Cloud, et qu'il fallait lui envoyer quelqu'un. Monsieur me dit qu'il allait envoyer chercher M. de Condom; je trouvai qu'on ne pouvait mieux choisir, mais qu'en attendant il fallait avoir M. Feuillet, chanoine, dont le mérite est connu.

Cependant le roi était auprès de Madame. Elle lui dit qu'il perdait la plus véritable servante qu'il aurait jamais; il lui dit qu'elle n'était pas en si grand péril, mais qu'il était étonné de sa fermeté, et qu'il la trouvait grande. Elle lui répliqua qu'il savait bien qu'elle n'avait jamais craint la mort; mais qu'elle avait craint de perdre ses bonnes grâces.

Ensuite le roi lui parla de Dieu, il revint après dans l'endroit où étaient les médecins; il me trouva désespérée de ce qu'ils ne lui donnaient point de remèdes, et surtout l'émétique. Il me fit l'honneur de me dire qu'ils avaient perdu la tramontane, qu'ils ne savaient ce qu'ils faisaient, et qu'il allait essayer de leur remettre l'esprit. Il leur parla, et se rapprocha du lit de Madame, et lui dit qu'il n'était pas médecin, mais qu'il venait de proposer trente remèdes aux médecins; ils répondirent qu'il fallait attendre. Madame prit la parole et dit qu'il fallait mourir par les formes.

Le roi voyant que selon les apparences il n'y avait rien à espérer, lui dit adieu en pleurant. Elle lui dit qu'elle le priait de ne point pleurer, qu'il l'attendrissait, et que la première nouvelle qu'il aurait le lendemain serait celle de sa mort.

Le maréchal de Grammont s'approcha de son lit. Elle lui dit qu'il perdait une bonne amie, qu'elle allait mourir et qu'elle avait cru d'abord être empoisonnée par méprise.

Lorsque le roi se fut retiré, j'étais auprès de

son lit, elle me dit : « Madame de La Fayette, mon
nez s'est déjà retiré. » Je ne lui répondis qu'avec
des larmes; car ce qu'elle me disait était véritable, et je n'y avais pas encore pris garde. On la
remit ensuite dans son grand lit; le hoquet lui
prit. Elle dit à M. Esprit que c'était le hoquet de
la mort; elle avait déjà demandé plusieurs fois
quand elle mourrait, elle le demanda encore, et
quoiqu'on lui répondît comme à une personne
qui n'en était pas proche, on voyait bien qu'elle
n'avait aucune espérance.

Elle ne tourna jamais son esprit du côté de la
vie, jamais un mot de réflexion sur la cruauté de
sa destinée qui l'enlevait dans le plus beau de son
âge, point de questions aux médecins pour s'in-
former s'il était possible de la sauver, point d'ardeur pour les remèdes, qu'autant que la violence
de ses douleurs lui en laissait désirer, une conte-
nance paisible au milieu de la certitude de la
mort, de l'opinion du poison, et de ses souffrances
qui étaient cruelles; enfin un courage dont on ne
peut donner d'exemple, et qu'on ne saurait bien
représenter.

Le roi s'en alla, et les médecins déclarèrent
qu'il n'y avait aucune espérance. M. Feuillet vint,
il parla à Madame avec une austérité entière;
mais il la trouva dans des dispositions qui allaient
aussi loin que son austérité. Elle eut quelque

scrupule que ses confessions passées n'eussent été nulles, et pria M. Feuillet de lui aider à en faire une générale. Elle la fit avec de grands sentiments de piété et de grandes résolutions de vivre en chrétienne si Dieu lui redonnait la santé.

Je m'approchai de son lit après sa confession ; M. Feuillet était auprès d'elle, et un capucin, son confesseur ordinaire. Ce bon père voulait lui parler, et se jetait dans des discours qui la fatiguaient. Elle me regarda avec des yeux qui faisaient entendre ce qu'elle pensait, et puis les retournant sur ce capucin : « Laissez parler M. Feuillet, mon père, » lui dit-elle avec une douceur admirable, comme si elle eût craint de le fâcher ; « vous parlerez à votre tour. »

L'ambassadeur d'Angleterre arriva dans ce moment. Sitôt qu'elle le vit, elle lui parla du roi son frère, et de la douleur qu'il aurait de sa mort ; elle en avait déjà parlé plusieurs fois dans le commencement de son mal. Elle le pria de lui mander qu'il perdait la personne du monde qui l'aimait le mieux ; ensuite l'ambassadeur lui demanda si elle était empoisonnée ; je ne sais si elle lui dit qu'elle l'était ; mais je sais bien qu'elle lui dit qu'il n'en fallait rien mander au roi son frère, qu'il fallait lui épargner cette douleur, et qu'il fallait surtout qu'il ne songeât point à en tirer vengeance, et que le roi n'en était point coupable, qu'il ne fallait point s'en prendre à lui.

Elle disait toutes ces choses en anglais, et comme le mot de poison est commun à la langue française et anglaise, M. Feuillet l'entendit, et interrompit la conversation, disant qu'il fallait sacrifier sa vie à Dieu, et ne pas penser à autre chose.

Elle reçut Notre-Seigneur; ensuite Monsieur s'étant retiré, elle demanda si elle ne le verrait plus; on l'alla querir; il vint l'embrasser en pleurant; elle le pria de se retirer, et lui dit qu'il l'attendrissait.

Cependant elle diminuait toujours, et elle avait de temps en temps des faiblesses qui attaquaient le cœur. M. Brager, excellent médecin, arriva. Il n'en désespéra pas d'abord; il se mit à consulter avec les autres médecins. Madame les fit appeler, ils dirent qu'on les laissât un peu ensemble; mais elle les renvoya encore querir, ils allèrent auprès de son lit. On avait parlé d'une saignée au pied. « Si on veut la faire, dit-elle, il n'y a pas de temps à perdre, ma tête s'embarrasse, et mon estomac se remplit. »

Ils demeurèrent surpris d'une si grande fermeté, et voyant qu'elle continuait à vouloir la saignée, ils la firent faire; mais il ne vint point de sang, et il en était très-peu venu de la première qu'on avait faite. Elle pensa expirer pendant que son pied fut dans l'eau, les médecins lui dirent qu'ils allaient faire un remède; mais elle répondit qu'elle voulait l'extrême-onction avant que de rien prendre.

M. de Condom [1] arriva comme elle la recevait; il lui parla de Dieu, conformément à l'état où elle était, et avec cette éloquence et cet esprit de religion qui paraît dans tous ses discours; il lui fit faire les actes qu'il jugea nécessaires, elle entra dans tout ce qu'il lui dit avec un zèle et une présence d'esprit admirables.

Comme il parlait, sa première femme de chambre s'approcha d'elle, pour lui donner quelque chose dont elle avait besoin. Elle lui dit en anglais, afin que M. de Condom ne l'entendît pas, conservant jusqu'à la mort la politesse de son esprit : « Donnez à M. de Condom, lorsque je serai morte, l'émeraude que j'avais fait faire pour lui. »

Comme il continuait à lui parler de Dieu, il lui prit une espèce d'envie de dormir, qui n'était en effet qu'une défaillance de la nature. Elle lui demanda si elle ne pouvait pas prendre quelques moments de repos; il lui dit qu'elle le pouvait, et qu'il allait prier Dieu pour elle.

1. Bossuet.

M. Feuillet demeura au pied de son lit, et quasi dans le même moment, Madame lui dit de rappeler M. de Condom, et qu'elle sentait bien qu'elle allait expirer. M. de Condom se rapprocha, et lui donna le crucifix; elle le prit et l'embrassa avec ardeur. M. de Condom lui parlait toujours, et elle lui répondait toujours avec le même jugement que si elle n'eût pas été malade, tenant toujours le crucifix attaché sur sa bouche; la mort seule le lui fit abandonner. Les forces lui manquèrent, elle se laissa tomber, et perdit la parole et la vie quasi en même temps. Son agonie n'eut qu'un moment, et après deux ou trois petits mouvements convulsifs dans la bouche, elle expira à deux heures et demie du matin, et neuf heures après avoir commencé à se trouver mal.

# PIÈCES JUSTIFICATIVES.

M. MONTAIGU, AMBASSADEUR D'ANGLETERRE,
AU COMTE D'ARLINGTON.

A Paris, le 30 juin 1670, à quatre heures du matin.

MILORD,

Je suis bien fâché de me voir dans l'obligation, en vertu de mon emploi, de vous rendre compte de la plus triste aventure du monde. Madame étant à Saint-Cloud, le 29 du courant, avec beaucoup de compagnie, demanda sur les cinq heures du soir un verre d'eau de chicorée qu'on lui avait ordonné de boire, parce qu'elle s'était trouvée indisposée pendant deux ou trois jours, après s'être baignée. Elle ne l'eut pas plutôt bu, qu'elle s'écria qu'elle était morte, et tombant entre les bras de M$^{me}$ de Meckelbourg, elle demanda un confesseur. Elle continua dans les plus grandes douleurs qu'on puisse s'imaginer, jusqu'à trois heures du matin, qu'elle rendit l'esprit. Le roi, la reine et toute la cour restèrent auprès d'elle jusqu'à une heure avant sa mort. Dieu veuille donner de la patience et de la constance au roi notre maître pour supporter une affliction de cette nature. Madame a déclaré en mourant qu'elle n'avait nul autre regret en sortant du monde, que celui que lui causait la douleur qu'en recevrait le roi son frère. S'étant trouvée un peu soulagée de ses grandes douleurs, que les médecins nomment *colique bilieuse*, elle me fit appeler pour m'ordonner de dire de sa part les choses du monde les plus tendres au roi et au duc d'York ses frères. J'arrivai à Saint-Cloud une heure après qu'elle s'y fut trouvée mal, et je restai jusqu'à sa mort auprès d'elle. Jamais personne n'a marqué plus de piété et de résolution que cette princesse, qui a conservé son bon sens jusqu'au dernier moment. Je me flatte que la douleur où je suis vous fera excuser les imperfections que vous trouverez dans cette relation. Je suis persuadé que tous ceux qui ont eu l'honneur de connaître Madame, partageront avec moi l'affliction que doit causer une perte pareille.

Je suis, Milord, etc.

### LE COMTE D'ARLINGTON AU CHEVALIER TEMPLE, AMBASSADEUR D'ANGLETERRE A LA HAYE.

White-Hall, le 28 juin 1670.

Milord,

Je vous ai écrit toutes les nouvelles que nous avons ici, à l'exception de celle de la mort de Madame, dont le roi est extrêmement affligé, aussi bien que toutes les personnes qui ont eu l'honneur de la connaître à Douvres. Les brouilleries de ses domestiques et sa mort subite nous avaient d'abord fait croire qu'elle avait été empoisonnée; mais la connaissance qu'on nous a donnée depuis, du soin qu'on a pris d'examiner son corps, et les sentiments que nous apprenons qu'en a Sa Majesté Très-Chrétienne, laquelle a intérêt d'examiner cette affaire à fond, et qui est persuadée qu'elle est morte d'une mort naturelle, a levé la plus grande partie des soupçons que nous en avions. Je ne doute pas que M. le maréchal de Bellefonds, que j'apprends qui vient d'arriver, avec ordre de donner au roi une relation particulière de cet accident fatal, et qui nous apporte le procès-verbal de la mort de cette princesse et de la dissection de son corps, signé des principaux médecins et chirurgiens de Paris, ne nous convainque pleinement que nous n'avons rien à regretter que la perte de cette princesse, sans qu'elle soit accompagnée d'aucunes circonstances odieuses pour rendre notre douleur moins supportable.

M. MONTAIGU AU COMTE D'ARLINGTON.

A Paris, le 6 juillet 1670.

MILORD,

J'ai reçu les lettres de Votre Grandeur, celle

du 17 juin, par M. le chevalier Jones, et celle du
23 par la poste. Je suppose que M. le maréchal de
Bellefonds est arrivé à Londres; outre le compli-
ment de condoléance qu'il va faire au roi, il tâ-
chera, à ce que je crois, de désabuser notre cour
de l'opinion que Madame ait été empoisonnée,
dont on ne pourra jamais désabuser celle-ci ni
tout le peuple. Comme cette princesse s'en est
plainte plusieurs fois dans ses plus grandes douleurs, il ne faut pas s'étonner que cela fortifie le
peuple dans la croyance qu'il en a. Toutes les fois
que j'ai pris la liberté de la presser de me dire si
elle croyait qu'on l'eût empoisonnée, elle ne m'a
pas voulu faire de réponse, voulant, à ce que je
crois, épargner une augmentation si sensible de
douleur au roi notre maître. La même raison m'a
empêché d'en faire mention dans ma première
lettre, outre que je ne suis pas assez bon médecin
pour juger si elle a été empoisonnée ou non. L'on
tâche ici de me faire passer pour l'auteur du bruit
qui en court; je veux dire Monsieur, qui se plaint
que je le fais pour rompre la bonne intelligence
qui est établie entre les deux couronnes.

Le roi et les ministres ont beaucoup de regret
de la mort de Madame, car ils espéraient qu'à sa
considération ils engageraient le roi notre maître
à condescendre à des choses et contracter une
amitié avec cette couronne plus étroite qu'ils ne

croient pouvoir l'obtenir à présent. Je ne prétends
pas examiner ce qui s'est fait à cet égard, ni ce
qu'on prétendait faire, puisque Votre Grandeur n'a
pas jugé à propos de m'en communiquer la moindre partie; mais je ne saurais m'empêcher de savoir ce qui s'en dit publiquement, et je suis persuadé que l'on ne refusera rien ici que le roi notre
maître puisse proposer, pour avoir son amitié; et
il n'y a rien de l'autre côté que les Hollandais ne
fassent pour nous empêcher de nous joindre à la
France. Tout ce que je souhaite de savoir, Milord,
pendant que je serai ici, est le langage dont je me
dois servir en conversation avec les autres ministres, afin de ne point passer pour ridicule avec le
caractère dont je suis revêtu. Pendant que Madame
était en vie, elle me faisait l'honneur de se fier
assez à moi, pour m'empêcher d'être exposé à ce
malheur.

Je suis persuadé que pendant le peu de temps
que vous l'avez connue en Angleterre, vous l'avez
assez connue pour la regretter tout le temps de
votre vie, et ce n'est pas sans sujet; car personne
n'a jamais eu meilleure opinion de qui que ce soit,
en tous égards, que celle que cette princesse avait
de vous. Et je crois qu'elle aimait trop le roi son
frère, pour marquer la considération qu'elle faisait
paraître en toutes sortes d'occasions pour vous,
depuis qu'elle a vécu en bonne intelligence avec

vous, si elle n'eût été persuadée que vous le ser-
viez très-bien et très-fidèlement. Quant à moi, j'ai
fait une si grande perte, par la mort de cette princesse, que je n'ai plus aucune joie dans ce pays-ci,
et je crois que je n'en aurai plus jamais en aucun
autre. Madame, après m'avoir tenu plusieurs discours pendant le cours de son mal, lesquels n'é-
taient remplis que de tendresse pour le roi notre
maître, me dit à la fin qu'elle était bien fâchée de
n'avoir rien fait pour moi avant sa mort, en
échange du zèle et de l'affection avec laquelle je
l'avais servie depuis mon arrivée ici. Elle me dit
qu'elle avait six mille pistoles dispersées en plusieurs endroits, qu'elle m'ordonnait de prendre
pour l'amour d'elle. Je lui répondis qu'elle avait
plusieurs pauvres domestiques qui en avaient plus
de besoin que moi; que je ne l'avais jamais servie
par intérêt et que je ne voulais pas absolument les
prendre; mais que s'il lui plaisait de me dire auxquels elle souhaitait les donner, je ne manquerais
pas de m'en acquitter très-fidèlement : elle eut
assez de présence d'esprit pour les nommer par
leurs noms. Cependant elle n'eut pas plutôt rendu
l'esprit, que Monsieur se saisit de toutes ses clefs
et de son cabinet. Je demandai le lendemain à une
de ses femmes, où était cet argent, laquelle me
dit qu'il était en un tel endroit. C'était justement
les premières six mille pistoles que le roi notre

maître lui avait envoyées. Dans le temps que cet
argent arriva, elle avait dessein de s'en servir
pour retirer quelques bijoux qu'elle avait engagés
en attendant cette somme. Mais le roi de France
la lui avait déjà donnée deux jours avant que
celle-ci arrivât, de sorte qu'elle avait gardé toute
la somme que le roi son frère lui avait envoyée.

Sur cela j'ai demandé ladite somme à Monsieur
comme m'appartenant, et que l'ayant prêtée à
Madame, deux de mes domestiques l'avaient re-
mise entre les mains de deux de ses femmes, lesquelles en ont rendu témoignage à ce prince, car
elles ne savaient pas que ç'avait été par ordre du
roi notre maître. Monsieur en avait déjà emporté
la moitié, et l'on m'a rendu le reste. J'en ai disposé en faveur des domestiques de Madame, selon
les ordres qu'elle m'en avait donnés en présence de
M. l'abbé de Montaigu et de deux autres témoins;
Monsieur m'a promis de me rendre le reste, que
je ne manquerai pas de distribuer entre eux de la
même manière. Cependant s'ils n'ont l'esprit de
le cacher, Monsieur ne manquera de le leur ôter
dès que cela parviendra à sa connaissance. Je n'a-
vais nul autre moyen de l'obtenir pour ces pauvres
gens-là, et je ne doute pas que le roi n'aime mieux
qu'ils en profitent que Monsieur. Je vous prie de
l'apprendre au roi pour ma décharge et que cela
n'aille pas plus loin. M. le chevalier Hamilton en

6                                              *h*

a été témoin avec M. l'abbé de Montaigu. J'ai cru qu'il était nécessaire de vous faire cette relation.

Je suis, Milord, etc.

*P. S.* Depuis ma lettre écrite, je viens d'apprendre de très-bonne part, et d'une personne qui est dans la confidence de Monsieur, qu'il n'a pas voulu délivrer les papiers de Madame, à la requête du roi, avant que de se les être fait lire et interpréter par M. l'abbé de Montaigu; et même que, ne se fiant pas entièrement à lui, il a employé pour cet effet d'autres personnes qui entendent la langue, et entre autres M^me de Fiennes; de sorte que ce qui s'est passé de plus secret entre le roi et Madame, est et sera publiquement connu de tout le monde. Il y avait quelque chose en chiffre, qui l'embarrassait fort, et qu'il prétend pourtant deviner. Il se plaint extrêmement du roi, notre maître, à l'égard de la correspondance qu'il entretenait avec Madame, et de ce qu'il traitait d'affaires avec elle à son insu. J'espère que M. l'abbé de Montaigu vous en donnera une relation plus particulière que je ne le puis faire. Car quoique Monsieur lui ait recommandé le secret à l'égard de tout le monde, il ne saurait s'étendre jusqu'à vous, si les affaires du roi, notre maître, y sont intéressées.

## M. MONTAIGU AU ROI CHARLES II.

A Paris, le 15 juillet 1670.

SIRE,

Je dois commencer cette lettre en suppliant très-humblement Votre Majesté de me pardonner la liberté que je prends de l'entretenir sur un si triste sujet, et du malheur que j'ai eu d'être témoin de la plus cruelle et de la plus généreuse mort dont on ait jamais ouï parler. J'eus l'honneur d'entretenir Madame assez longtemps le samedi, jour précédent de celui de sa mort. Elle me dit qu'elle voyait bien qu'il était impossible qu'elle pût jamais être heureuse avec Monsieur, lequel s'était emporté contre elle plus que jamais, deux jours auparavant à Versailles, où il l'avait trouvée dans une conférence secrète avec le roi, sur des affaires qu'il n'était pas à propos de lui communiquer. Elle me dit que Votre Majesté et le roi de France, aviez résolu de faire la guerre à la Hollande, dès que vous seriez demeuré d'accord de la manière dont vous la deviez faire. Ce sont là les dernières paroles que cette princesse me fit l'honneur de me dire avant sa maladie, car Monsieur étant entré dans ce moment, nous interrompit, et je m'en retournai à Paris. Le lendemain lorsqu'elle se trouva mal, elle m'appela deux ou trois fois, et M^me de Meckelbourg m'envoya cher-

cher. Dès qu'elle me vit, elle me dit : « Vous
voyez le triste état où je suis, je me meurs.
Hélas! que je plains le roi mon frère! car je suis
assurée qu'il va perdre la personne du monde
qui l'aime le mieux. » Elle me rappela un peu
après, et m'ordonna de ne pas manquer de dire
au roi, son frère, les choses du monde les plus
tendres de sa part, et de le remercier de tous ses
soins pour elle. Elle me demanda ensuite si je me
souvenais bien de ce qu'elle m'avait dit le jour
précédent, des intentions qu'avait Votre Majesté
de se joindre à la France contre la Hollande : je
lui dis que oui, sur quoi elle ajouta : « Je vous
prie de dire à mon frère que je ne lui ai jamais
persuadé de le faire par intérêt, et que ce n'était
que parce que j'étais convaincue que son honneur et son avantage y étaient également inté-
ressés. Car je l'ai toujours aimé plus que ma
vie, et je n'ai nul autre regret en la perdant
que celui de le quitter. » Elle m'appela plusieurs
fois pour me dire de ne pas oublier de vous dire
cela, et me parla en anglais. Je pris alors la liberté de lui demander si elle ne croyait pas qu'on
l'eût empoisonnée : son confesseur, qui était présent, et qui entendit ce mot-là, lui dit : « Madame, n'accusez personne, et offrez à Dieu votre mort en sacrifice. » Cela l'empêcha de me
répondre ; quoique je fisse plusieurs fois la même

demande, elle ne me répondit qu'en levant les épaules. Je lui demandai la cassette où étaient toutes ses lettres, pour les envoyer à Votre Majesté, et elle m'ordonna de les demander à M^me de Bordes, laquelle, s'évanouissant à tout moment, et mourant de douleur de voir sa maîtresse en un état si déplorable, Monsieur s'en saisit avant qu'elle pût revenir. Elle m'ordonna de prier Votre Majesté d'assister tous ses pauvres domestiques, et d'écrire à milord Arlington de vous en faire souvenir. Elle ajouta à cela : « Dites au roi mon frère que j'espère qu'il fera pour lui, pour l'amour de moi, ce qu'il m'a promis ; car c'est un homme qui l'aime, et qui le sert bien. » Elle dit plusieurs choses ensuite tout haut en français, plaignant l'affliction qu'elle savait que sa mort donnerait à Votre Majesté. Je supplie encore une fois Votre Majesté de pardonner le malheur où je me trouve réduit de lui apprendre cette fatale nouvelle, puisque de tous ses serviteurs il n'y en a pas un seul qui souhaite avec plus de passion et de sincérité son bonheur et sa satisfaction que celui, Sire, qui est de Votre Majesté, etc.

M. MONTAIGU AU COMTE D'ARLINGTON.

A Paris, le 15 juillet 1670.

MILORD,

Selon les ordres de Votre Grandeur, je vous

envoie la bague que Madame avait au doigt en
mourant, laquelle vous aurez, s'il vous plaît, la
bonté de présenter au roi. J'ai pris la liberté de
rendre compte au roi moi-même de quelques
choses que Madame m'avait chargé de lui dire,
étant persuadé que la modestie n'aurait pas permis à Votre Grandeur de les dire au roi, parce
qu'elles vous touchent de trop près. Il y a eu depuis la mort de Madame, comme vous pouvez
bien vous l'imaginer dans une occasion pareille,
plusieurs bruits divers. L'opinion la plus générale
est qu'elle a été empoisonnée, ce qui inquiète le
roi et les ministres au dernier point. J'en ai été
saisi d'une telle manière, que j'ai eu à peine le
cœur de sortir depuis ; cela joint aux bruits qui
courent par la ville, du ressentiment que témoi-
gne le roi, notre maître, d'un attentat si rempli
d'horreur, qu'il a refusé de recevoir la lettre de
Monsieur, et qu'il m'a ordonné de me retirer, leur
fait conclure que le roi, notre maître, est mécontent de cette cour au point qu'on le dit ici. De
sorte que quand j'ai été à Saint-Germain, d'où je
ne fais que revenir, pour y faire les plaintes que
vous m'avez ordonné d'y faire, il est impossible
d'exprimer la joie qu'on y a reçue d'apprendre que
le roi, notre maître, commence à s'apaiser, et que
ces bruits n'ont fait aucune impression sur son
esprit au préjudice de la France. Je vous marque

cela, Milord, pour vous faire connaître à quel
point l'on estime l'union de l'Angleterre dans
cette conjoncture, et combien l'amitié du roi est
nécessaire à tous leurs desseins : je ne doute pas
qu'on ne s'en serve à la gloire du roi, et pour le
bien de la nation. C'est ce que souhaite avec passion la personne du monde qui est avec le plus
de sincérité, Milord, etc.

### LETTRE DE M. MONTAIGU A MILORD D'ARLINGTON.

MILORD,

Je ne suis guère en état de vous écrire moi-
même, étant tellement incommodé d'une chute
que j'ai faite en venant, que j'ai peine à remuer le
bras et la main. J'espère pourtant de me trouver
en état, dans un jour ou deux, de me rendre
à Saint-Germain. Je n'écris présentement que
pour rendre compte à Votre Grandeur d'une
chose que je crois pourtant que vous saurez déjà;
c'est [1] que l'on a permis au chevalier de Lorraine
de venir à la cour, et de servir à l'armée en qualité de maréchal de camp.

Si Madame a été empoisonnée, comme la plus
grande partie du monde le croit, toute la France
le regarde comme son empoisonneur, et s'étonne

---

1. Cette phrase est en chiffres dans l'original.

avec raison que le roi de France ait si peu de
considération pour le roi notre maître, que de lui
permettre de revenir à la cour, vu la manière in-
solente dont il en a toujours usé envers cette princesse pendant sa vie. Mon devoir m'oblige à vous
dire cela, afin que vous le fassiez savoir au roi,
et qu'il en parle fortement à l'ambassadeur de
France, s'il le juge à propos, car je puis vous
assurer que c'est une chose qu'il ne saurait souffrir sans se faire tort.

————

# AUTRES DÉTAILS

## SUR

## L'HISTOIRE D'HENRIETTE D'ANGLETERRE,

### EMPRUNTÉS AUX MÉMOIRES

## DU DUC DE SAINT-SIMON.

---

Je ne puis finir sur ce prince sans raconter une anecdote qui a été sue de bien peu de gens, sur la mort de Madame, que personne n'a douté qui n'eût été empoisonnée, et même grossièrement. Ses galanteries donnaient de la jalousie à Monsieur. Le goût opposé de Monsieur indignait Madame. Les favoris qu'elle haïssait jetaient tant qu'ils pouvaient la division entre eux, pour disposer de Monsieur tout à leur aise. Le chevalier de Lorraine, dans le fort de sa jeunesse et de ses agréments, étant né en 1643, possédait Monsieur avec empire, et le faisait sentir à Madame comme à toute la maison. Madame, qui n'avait qu'un an moins que lui et qui était charmante, ne pouvait à plus d'un titre souffrir cette domination ; elle était au comble de faveur et de considération auprès du roi, dont elle obtint enfin l'exil du chevalier de Lorraine. A cette nouvelle, Monsieur s'évanouit, puis fondit en larmes et s'alla jeter aux

pieds du roi pour faire révoquer un ordre qui le
mettait au dernier désespoir. Il ne put y réussir.
Il entra en fureur et s'en alla à Villers-Cotterets.
Après avoir bien jeté feu et flamme contre le roi
et contre Madame, qui protestait toujours qu'elle
n'y avait point pris de part, il ne put soutenir
longtemps le personnage de mécontent pour une
chose si publiquement honteuse. Le roi se prêta à
le contenter d'ailleurs : il eut de l'argent, des
compliments, des amitiés ; il revint le cœur fort
gros, et peu à peu vécut à l'ordinaire avec le roi
et Madame.

D'Effiat, homme d'un esprit hardi, premier
écuyer de Monsieur, et le comte de Beuvron,
homme liant et doux, mais qui voulait figurer
chez Monsieur, dont il était capitaine des gardes,
et surtout pour se faire riche, en cadet de Norman-
die fort pauvre, étaient étroitement liés avec le
chevalier de Lorraine, dont l'absence nuisait sin-
gulièrement à leurs affaires, et leur faisait appréhender que quelque mignon ne prît sa place, duquel ils ne s'aideraient pas si bien. Pas un des
trois n'espérait la fin de cet exil, à la faveur où
ils voyaient Madame, qui commençait même à entrer dans les affaires, et à qui le roi venait de
faire faire un voyage mystérieux en Angleterre,
où elle avait parfaitement réussi, et venait d'en
revenir plus triomphante que jamais. Elle était de

juin 1644 et d'une très-bonne santé, qui achevait
de leur faire perdre de vue le retour du chevalier
de Lorraine. Celui-ci était allé promener son dépit
en Italie et à Rome. Je ne sais lequel des trois y
pensa le premier; mais le chevalier de Lorraine
envoya à ses deux amis un poison sûr et prompt,
par un exprès qui ne savait peut-être pas lui-
même ce qu'il portait.

Madame était à Saint-Cloud, qui pour se rafraî-
chir prenait depuis quelque temps un verre d'eau
de chicorée. Un garçon de sa chambre avait soin
de le faire. Il la mettait dans une armoire d'une
des antichambres de Madame, avec son verre, etc.
Cette eau de chicorée était dans un pot de faïence
ou de porcelaine, et il y avait toujours auprès
d'autre eau commune, en cas que Madame trouvât celle de chicorée trop amère, pour la mêler.
Cette antichambre était le passage public pour
aller chez Madame, où il ne se tenait jamais personne, parce qu'il y en avait plusieurs. Le marquis d'Effiat avait épié tout cela. Le 29 juin 1670,
passant dans cette antichambre, il trouva le moment qu'il cherchait : personne dedans, et il avait
remarqué qu'il n'était suivi de personne qui
allât chez Madame. Il se détourne, va à l'armoire,
l'ouvre, jette son boucon; puis, entendant quelqu'un, s'arme de l'autre pot d'eau commune, et
comme il le remettait, le garçon de la chambre,

qui avait le soin de cette eau de chicorée, s'écrie, court à lui, et lui demande brusquement ce qu'il va faire dans cette armoire. D'Effiat, sans s'embarrasser le moins du monde, lui dit qu'il lui demande pardon, mais qu'il crevait de soif, et que sachant qu'il y avait de l'eau là-dedans, lui montrant le pot d'eau commune, il n'a pu résister à en aller boire. Le garçon grommelait toujours, et l'autre, toujours l'apaisant et s'excusant, entre chez Madame et va causer comme les autres courtisans, sans la plus légère émotion. Ce qui suivit une heure après n'est pas de mon sujet, et n'a que trop fait de bruit par toute l'Europe.

Madame étant morte le lundi 30 juin, à trois heures du matin, le roi fut pénétré de la plus grande douleur. Apparemment que dans la journée il eut des indices, que ce garçon de chambre ne se tut pas, et qu'il eut notion que Surnon, premier maître d'hôtel de Madame, était dans le secret, par la confidence intime où, dans son bas étage, il était avec d'Effiat. Le roi était couché, il se relève, envoie chercher Brissac, qui dès lors était dans ses gardes et fort sous sa main, lui commande de choisir six gardes du corps bien sûrs et secrets, d'aller enlever le compagnon et de le lui amener dans ses cabinets par les derrières. Cela fut exécuté avant le matin. Dès que le roi l'aperçut, il fit retirer Brissac et son premier valet de

chambre, et prenant un visage et un ton à faire
la plus grande terreur : « Mon ami, lui dit-il en
le regardant depuis les pieds jusqu'à la tête, écou-
tez-moi bien : si vous m'avouez tout, et que vous
me répondiez vérité sur tout ce que je veux savoir
de vous, quoi que vous ayez fait, je vous par-
donne, et il n'en sera jamais mention. Mais pre-
nez garde à ne me pas déguiser la moindre
chose : car si vous le faites, vous êtes mort avant
de sortir d'ici. Madame n'a-t-elle pas été empoisonnée ? — Oui, Sire, lui répondit-il. — Et qui l'a
empoisonnée, dit le roi, et comment l'a-t-on fait?»
Il répondit que c'était le chevalier de Lorraine qui
avait envoyé le poison à Beuvron et à d'Effiat, et
lui conta ce que je viens d'écrire. Alors le roi, re-
doublant d'assurance de grâce et de menace de
mort : « Et mon frère, dit le roi, le savait-il?
— Non, Sire ; aucun de nous trois n'était
assez sot pour le lui dire : il n'a point de secret, il nous aurait perdus. » A cette réponse,
le roi fit un grand *ah!* comme un homme op-
pressé et qui tout d'un coup respire. « Voilà,
dit-il, tout ce que je voulais savoir. Mais m'en
assurez-vous bien? » Il rappela Brissac, lui com-
manda de remener cet homme quelque part
où tout de suite il le laissât aller en liberté.
C'est cet homme lui-même qui l'a conté, longues
années depuis, à M. Joly de Fleury, procu-

reur général du parlement, duquel je tiens cette anecdote.

Ce même magistrat, à qui j'en ai reparlé depuis, m'apprit ce qu'il ne m'avait pas dit la première fois, et le voici. Peu de jours après le second mariage de Monsieur, le roi prit Madame en particulier, lui conta ce fait, et ajouta qu'il la voulait rassurer sur Monsieur et sur lui-même, trop honnête homme pour lui faire épouser son frère, s'il était capable d'un tel crime. Madame en fit son profit. Surnon, le même Bonneau, était demeuré son premier maître d'hôtel. Peu à peu elle fit semblant de vouloir entrer dans la dépense de sa maison, le fit trouver bon à Monsieur, et tracassa si bien Surnon, qu'elle le fit quitter, et qu'il vendit sa charge, sur la fin de 1674, au sieur Maurel de Vaulonne.

FIN.

# TABLE.

DE L'IMPRIMERIE DE CRAPELET, RUE DE VAUGIRARD, 9.

Imprimerie de Ch. Lahure (ancienne maison Crapelet)
rue de Vaugirard, 9, près de l'Odéon.